シドニー子育て記

シュタイナー教育との出会い

雁屋哲

遊幻舎

2

1（前ページ）…子供たちが通ったシュタイナー・スクールの校門。
2…シュタイナー・スクールは実生活で役に立つことも重視し、多くの生徒が木工や陶芸に取り組む。上から、次女が作った三脚椅子、長男が作った台、次女が作った竪琴、長女が作った木箱。

3

3…シュタイナー・スクールの一番の特徴は「メインレッスン」という制度にある。
１つの主題を３週間ぶっ続けで勉強する。メインレッスンに教科書はなく、学んだ内容を
自分のノートブックに絵も入れながら書いていく。生徒自身が作った教科書、ともいうべき
「メインレッスン・ブック」を並べてみる（左から長男、長女、次女、次男のもの）。

4

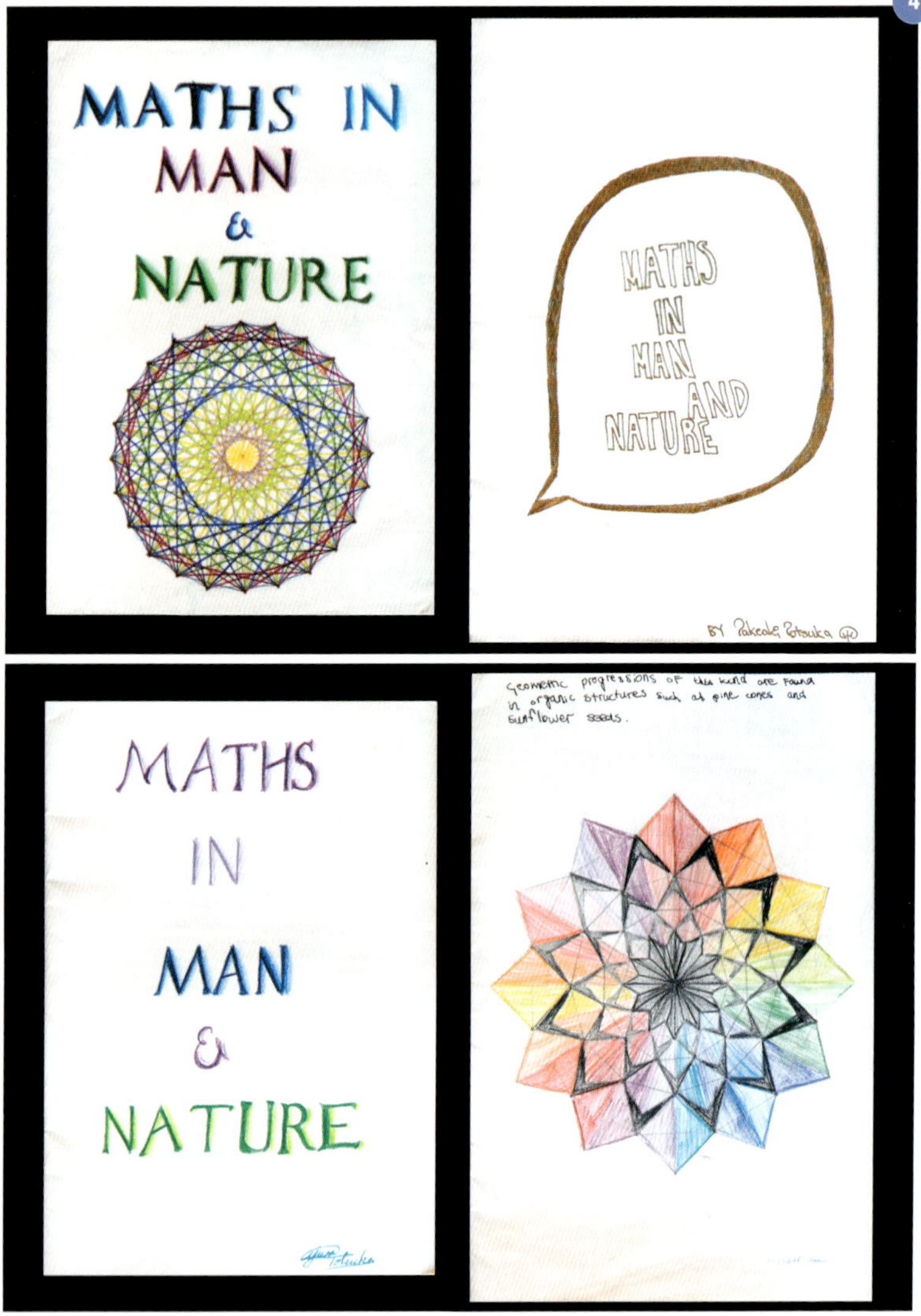

4…人体や自然界に表れている数学的要素を学ぶ「Maths in man and nature」という科目のメインレッスン・ブックの表紙（上）と扉ページ（下）。左が長女、右が長男のもの。

5

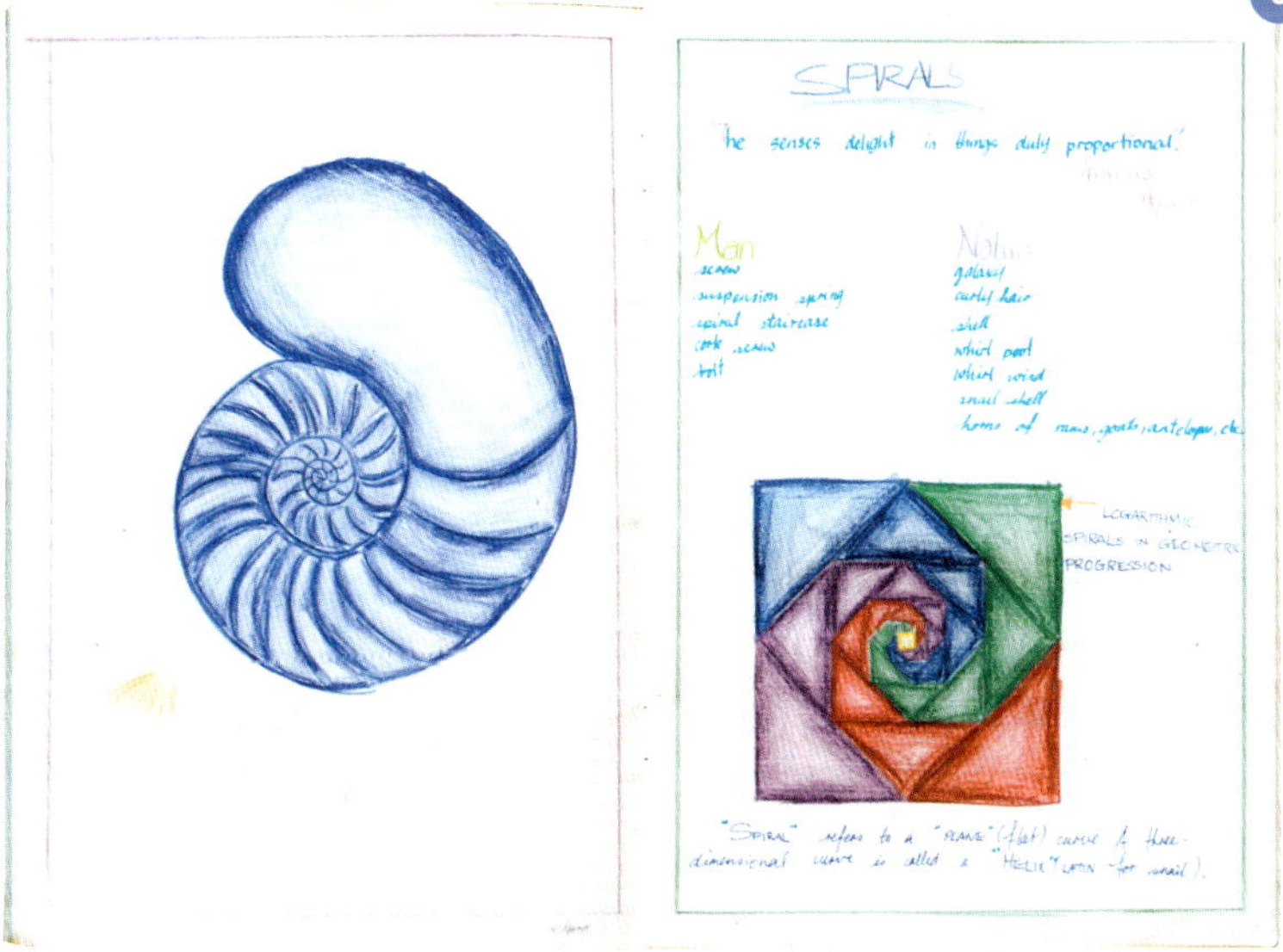

6

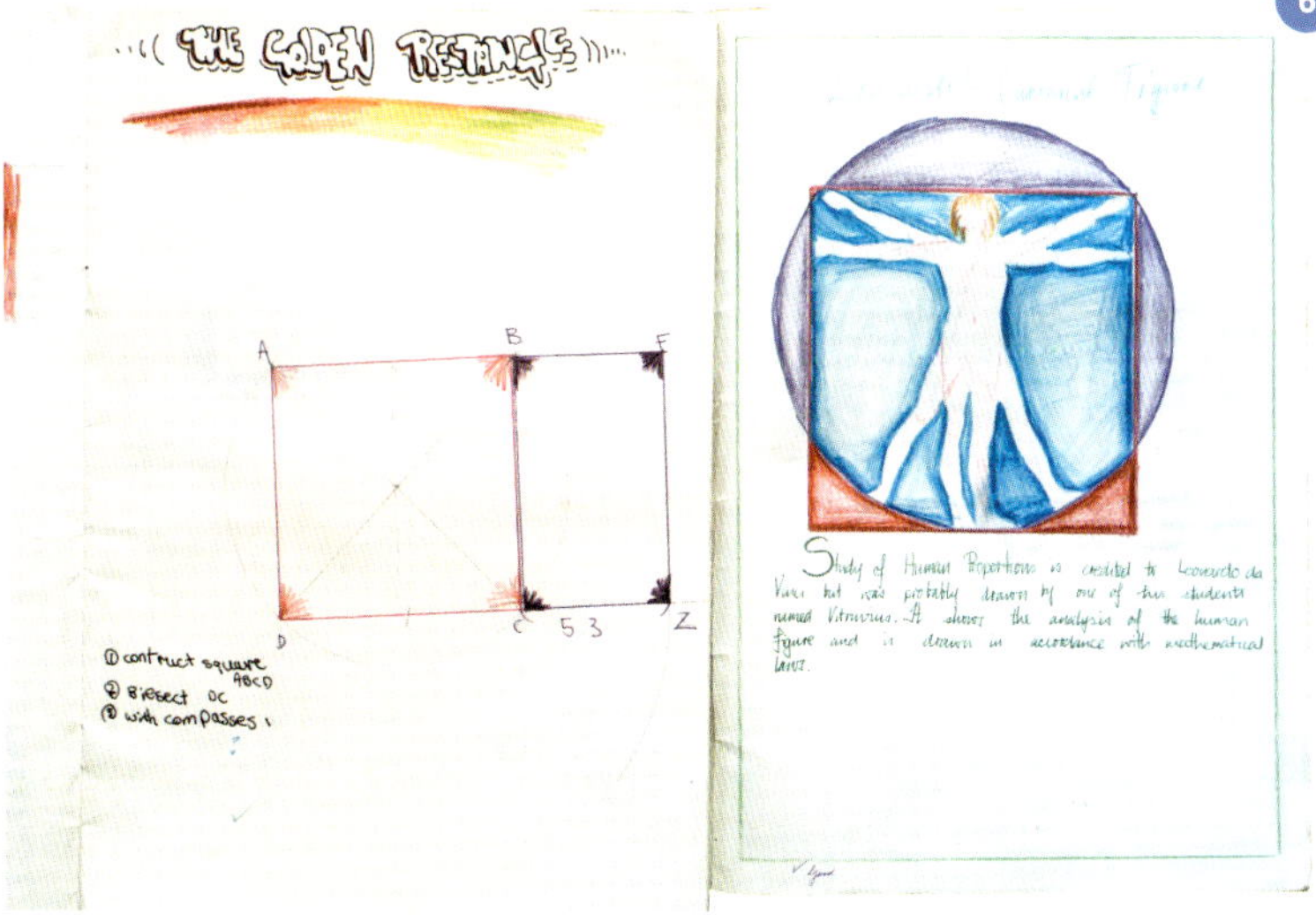

5…先の「Maths in man and nature」の長女のメインレッスン・ブックから。
巻き貝のらせんと、対数のらせんとが対比してある。
6…同じ科目のメインレッスン・ブック。黄金分割について記した長男のもの（左）と、
人体と五角形の関係を描いた長女のもの（右）。

7

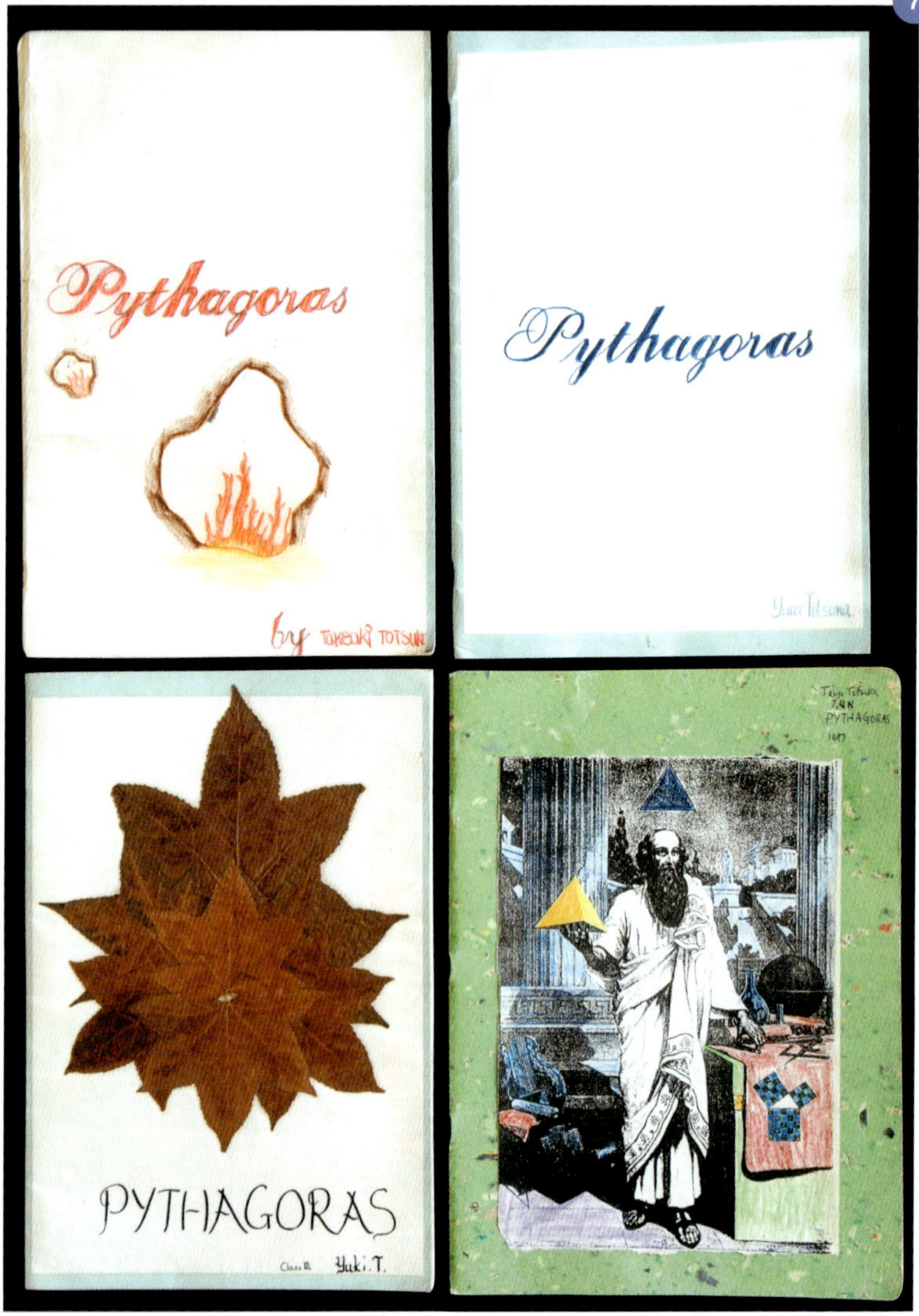

7…シュタイナー教育では「ピタゴラスの定理は非常に美しい。美しいものは美しく表現してこそ真の理解が得られる」と考える。子供たちが作った、ピタゴラスについてのメインレッスン・ブック表紙（上段左が長男、右が長女、下段左が次女、右が次男）。

8

8…右のメインレッスン・ブックの扉ページ
（上段左が長男、右が長女、下段左が次女、右が次男）。

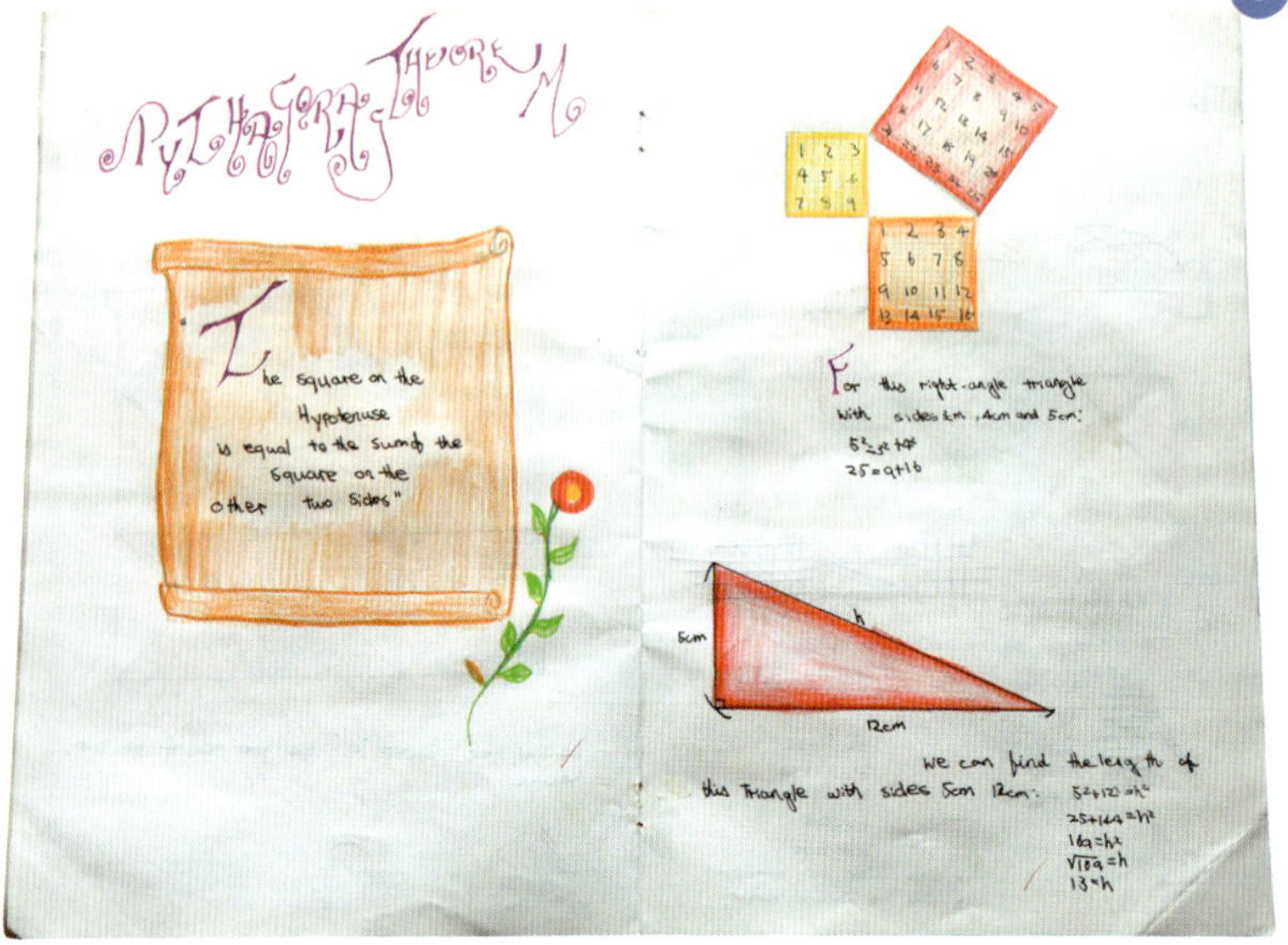

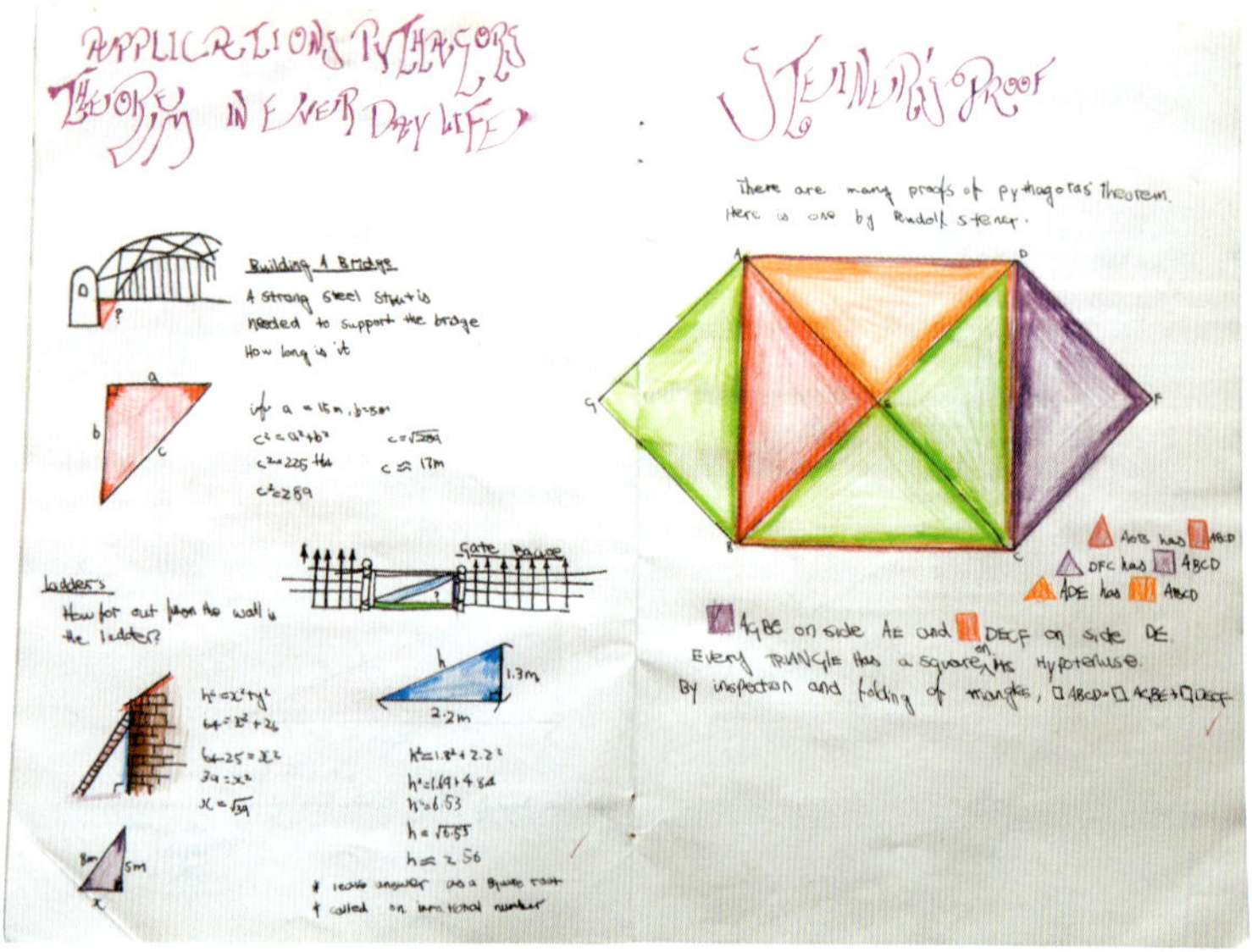

9…ともに、ピタゴラスの定理を勉強した長男のメインレッスン・ブックから。色鮮やかな図解によって、ピタゴラスの定理の持つ神秘性が伝わってくる。

シドニー子育て記●目次

第二章 「遊んでばかりの学校」がある……71

第七章　人間味あふれる学校

装幀・口絵デザイン／船木有紀

長いまえがき——なぜ私たちはオーストラリアに来たのか

受験勉強しかさせない日本の学校

私は一九八八年に、神奈川県横須賀市秋谷からオーストラリアのシドニーに引っ越してきた。最初は二、三年暮らすつもりだったのが、気がつくと二〇〇八年でまる二十年を超えることになる。

日本から出ることになったのは、子供の教育を考えてのことだった。

シドニーに来て二年を過ぎた一九九〇年十月から、私はシドニーの日本語雑誌『ジャパン・プレス（JP）』に「豪州子育て記」と題する小文で、子育てにまつわる様々なことを毎月書いたが、その第一回目にその辺のところに軽く触れてあるのでそれをまず読んでいただくことにしよう（ジャパン・プレスは二年ほど前に廃刊になった。日本の「マガジンハウス」の腕利きの編集者、信原彰夫さんがどういうわけかシドニーに引っ越してきて、広告費だけで収入をあげるフリー・ペーパーとして、ジャパン・プレスを立ち上げた。初期は大変調子がよかったのだが、いろいろと事情があったのだろう。廃刊になったのは残念なことだった。以後、ジャパン・プレスに掲載した記事は、ＪＰを文頭につけ、掲載した年月号を記載する）。

≪**教育難民**（ＪＰ一九九〇年十月号）

私は四人の子持ちである。

長男長女は双子で十三歳。次女が九歳。次男が五歳。

私の考えでは、子供は十五、六までは、たっぷり遊ぶことが仕事である。学校は友達と楽しく遊ぶための場所であって、詰め込み勉強をするところであっては困る。

思い切り遊ぶ。ただし本だけはしっかり読む。絵を描く。最低一つの楽器はこなせるように音楽を楽しむ。

そんなことをしているうちに、十六、七になったときに何か目標を見出して、勉強しようと思い立ったらしめたもの。

その時こそ血の小便が出るまで必死に勉強する。

これが私の考え方なのだが、こんな教育を日本でしたら子供たちはたちまち「落ちこぼれ」として人生の出だしですでに失格とされてしまう。

だがオーストラリアでなら、そんな教育をあたえることができそうだ。それが私たちがオーストラリアへ引っ越してきた理由の一つだ。私たちは教育難民と言えるかもしれない。

今、私の子供たちは四人全員、シュタイナー教育をするグレネオンという学校に通っていて、ほぼ私の目論見どおりの生活を送っている。

この教育の結果はどう出るか、私にも連れ合いにも分からない。半分楽しみ、半分こわごわ、子供たちを見守っているのである。≫

と、こんな案配に書いてあるが、誌面の都合で極めて簡潔にまとめなければならなかったので、言いたいことを十分に書くことはできなかった。これでは、意を尽くしているとは言えないので、私が家族全員を引き連れてオーストラリアまで引っ越してきた意図をもう少し書いてみようと思う。

この回の副題が「教育難民」となっている。「難民」とは穏やかではないが、現実に私たちは日本の教育制度から逃れるために日本から逃げ出したのだ。

私は日本の教育制度が気に入らない。

日本の教育とは受験勉強であり、それ以外のことは教えない。

しかし、その当時の日本では教育に関する私の意見などどこにも通じなかった。一九八〇年代は日本のバブル経済の最盛期だった。地価も株価も上がり続け、日本中の人間が金持ちになったつもりになり、有頂天になっていた。世界十大銀行の大半を日本の銀行が占め、「日本的経営」が褒《ほ》めそやされ、「二十一世紀は日本の世紀」というような本が売れていた。「財テク」という言葉が生まれ、何かに儲《もう》けるために投資しない人間は無能の人間とまで言われたのである。

私のような物書きのところにまで銀行の人間がやって来て「金を借りろ」と勧める。私が「今のところお金には困っていないのでお金を借りる必要はない」と答えると、銀行の人間は「そんなことは関係ないからとにかく借りろ」と言いはる。

「一体どうして必要もない金を借りなければならないのか」と尋ねると、銀行の人間は愚かな人間を諭すように言った。「いいから、とにかくお金を借りなさい。そうしたら、我々銀行が投資先を見つけてあげるからそこに投資しなさい。今は投資すれば絶対儲かる。ここで投資しなかったらみすみす大儲けを取り逃がすことになる」

白状すると、私は日本の経済がバブルで盛り上がる遥《はる》か以前に興味半分で株式投資をしたことがある。面白半分とはいえ投資をすると、株式市場の動きが気になる。一日に何回も市場の動きを確かめる。「この企業は今度これこれの事業を計画しているから、今株を買っておくと大儲けする」などという秘密情報なるものを入手して投資したこともある。

しかし、本物の秘密情報が私みたいな人間のところに入ってくるはずはなく、もちろん外れた。そういうことを繰り返しているうちに、ある日翻然として悟った、「こんなことをしていたら、物書きとして駄目になってしまう」。

私は随筆や小説も書くが一九七三年以来漫画の原作一本槍《やり》で生きてきた。漫画の読者は厳しい。作家の名前で本や雑誌を買うことはない。その時その時が面白くなかったら簡単に離れていく。新人であろうと年季の入った作家であろうと関係ない。常に「今」が勝負である。

通常の読者は二十ページ程度の漫画を三分から四分で読む。その僅かな時間の間に読者はすべてを感じてしまうのである。少しのゆるみも見逃さない。それに飽きやすい。この厳しくて飽きやすい読者を相手にするのに、自分の力のすべてを注ぎ込まなければ勝ち目がない。しかし、株価だの地価だの為替の動向などに気持ちを傾けると、心が乾いて平べったくなるように感じた。そんな心で書いたものは内容が希薄で自分自身を満足させないし、読者の心に深く届くものにはならないと思った。私は書くことがすべてのことの中で一番好きだ。

もちろんお金は大好きだ。それも沢山あるほどよい。だが、どんなにお金が沢山あっても物を書くことを止めない人間であることを、私は自分で知っている。それなら、貴重な自分の人生の時間を自分の一番好きなことに使うべきで、物を書くのに妨げになることは止めるべきだ。そう考えて、その時持っていた株を全部売り払い、それ以来、株だの不動産投資だの、そんなことには一切関心を持たずにきた。

そんな私だから、「儲けさせてやるから金を借りろ」と銀行の人間に言われても心が動かなかったし、それに「そんなことまでしてお金を儲けるのは卑怯《ひきょう》だ」という思いもあった。銀行の人間は「こんな好機をどうしてむざむざと逃すのか」と私の心情を訝《いぶか》しみ軽蔑《けいべつ》し引き上げていった。その時期に株や不動産に投資をして大きな損失を出した人の例を私は沢山知っている。

日本経済の泡がはじけて二十年以上経《た》つのに、いまだにその時の損失から立ち直れない人や、姿を消してしまった人の話を聞いたりするたびに、私と連れ合いは「あの時、銀行からお金を借りなくて本当によかったね」と言い合うのである。

そのような時代、一体日本の教育はどうだっただろうか。それは、その当時私の家の郵便受けに中学受験用の教材や様々な学習塾の広告が毎日山のように届いていたことを語れば十分だろう。

私たちがオーストラリアへ引っ越したとき、長男長女は小学校六年生になったばかりだった。たぶん住民票か何かを見てのことだろうが、既にオーストラリアに引っ越した長男長女に向けて受験産業が猛烈な働きかけをしてきていたのである。勉強といえば受験のための勉強、というのが当時の日本の教育の実態だった（それは、たぶん今も同じだろう）。

私自身受験勉強をくぐり抜けてきた人間である。大学受験は二度失敗し二年浪人した。高校二年の終わりに人生最大の不幸があり、その衝撃から立ち直れず、三年生の時には学校にほとんど行かなかったので、一年目の浪人は最初から計画していたことだったが、二年目はまさか不合格になるとは思わなかったので心底こたえた。

しかし、私はその浪人生活が辛《つら》かったから子供たちに入学試験を受けさせたくないというわけではない。実際の受験以前に、受験勉強しかさせない学校教育を子供たちに受けさせるのが嫌だった。それは私自身が味わった学校教育である。

『飛ぶ教室』はどこにもなかった

私は小学生の頃に、エーリヒ・ケストナーの書いた『飛ぶ教室』を愛読した。それはドイツの全寮制の中学を舞台にした物語で、その中では、友情、素晴らしい教師たちとの心の交流、そんなことが描かれていて、私は感動した。同時に、私も中学に進めばこのような素晴らしい友人関係、立派な先生方との出会い、こんなドキドキするような学校生活を持てるのだ、と思い込んだ。

その私の期待は、中学に入ったら消し飛んだ。『飛ぶ教室』に出てくるような知的で深い心を持った教師には一人も出会わなかったし、第一、教師たちは高校受験のことしか私たちに言わなかった。学校中ががさついていて、知的な潤いは一切なかった。およそ文化というものとは無縁だった。

高校はもっとひどかった。都立高校だったが旧制中学の時は士官学校に進む生徒を沢山出したということを誇りに思っているような学校で、士官学校の代わりに、今度は有名大学に進学する生徒を増やすことが学校全体の目的だった。

私は高校二年生の時に、映画が好きで気の合った友人と「映画同好会」を作ろうと決めた。映画好きの者を集めて、上映会や鑑賞会を開き、ゆくゆくは自分たちで映画を作ろうと、大いに意気が上がった。早速ビラを作って全校生徒の参加を呼びかけたら、ある教師に呼び出された。

私はその教師は話の分かる人だと思っていたし、「映画同好会」の話はしたつもりで、顧問にもなってくれると了解していたのだが、その教師はビラに自分の名前を「顧問」として書かれたことが大変に迷惑だと怒った。そして、三時間にわたって、「お前たちに一番大事なのは大学受験だ。映画にうつつを抜かして、受験に失敗したらどうする」と、くどくどと説教され、「映画同好会」は作らないと約束させられてやっと解放された。

要するに、その高校では大学受験以外のことを考えてはいけないのだ。教師たちも授業の際に「これは入学試験に大事なところだ」と言うのが口癖だった。

ただ一人、救いがあったのは社会科の教師だった。その教師は、その当時一番進んでいて「ゆりかごから墓場まで」と言われたイギリスと、ニュージーランドと、オーストラリアの福祉政策を授業で熱心に教えてくれたし、『女工哀史』を授業中に読んで聞かせてくれもした。

もう一人、学校に絶望したのか、生徒たちに絶望したのか、無関心な態度で私たちの顔もろくに見ずに、つまらなさそうに「論語」を教えた漢文の教師がいた。学期末試験でいくつか並んだ問題の最後に「論語」について思うところを述べよ、というのがあったので、私は「論語」はただの処世術であって、人間の魂を救う深いものは何もないと書いたら、返してもらった答案用紙の表から裏まで、赤鉛筆でびっしりと、それは思い違いであって「論語」はもっと深い意味のあるものだから、もう一度勉強し直すように、と凄《すさ》まじく気迫のこもった文章が書かれていたのである。

そういう教師はまれな例外で、他の教師たちはすべて受験のことしか口にしなかった。去年はどこそこ大学に何人合格した。お前たちはそれを上回る成績を挙げろ。そんなことしか言わない。

生徒たちも、それに反発するわけでもなく、もくもくと、受験勉強に備えて勉強を続けるだけだった。

私は、オーストラリアで羊の牧場を見たときに、牧童たちに追われるまま何の表情も表さず、一つの囲いから別の囲いに、抵抗もせずに移る羊の群れを見て、高校の時の同級生たちの姿を思い出したことがある。

高校も、全く文化がなかった。いや、文化を否定するところだった。三年間、私は、毎日ざらざらした、乾き切った心を持てあまして過ごした。十六歳から十八歳までの一番素晴らしくあるはずの時期の生徒たちに、受験以外は何も考えることを許さないとは何ということだろうと、今振り返ってもはらわたが煮えくり返る思いがする。

日本の教育体制から子供たちをひっぺがす

私は、中学と高校の時のことを思い出すたびに、もう一度ああいうことを繰り返さなければいけないのであれば二度と生まれてきたくないと、今でもそう思っている。

思い出すだけで、心に紙やすりをかけられるような気持ちになる。

だから、私の長男長女が小学校に入ったときから、私は連れ合いに、「このまま日本にいたのでは、うちの子供たちも受験勉強に追いやられることになる。それは嫌だから、その前に外国に脱走しよう」と言った。私は、自分の経験と自分の思いをじっくりと話したので、連れ合いも「そこまで言うのなら」と賛成してくれた。

当時、私は漫画の原作を書きはじめて十年以上経っていて、「もう、漫画は十分だ」と思って、もう一度大学に入って勉強し直そうと考えた。とはいえ、日本の大学に入るのも面白くないから、アメリカの大学に行こうと思い、アメリカの東部と西部をあちこち見て回った。最後に、カリフォルニアのサンタ・バーバラに「カリフォルニア大学サンタ・バーバラ分校」を見つけ、気候も町の雰囲気も良さそうだし、私の勉強したい科目もあるから、そこに決めて、住む家まで探して回った。

ところが、その時「ビッグコミック・スピリッツ」誌で始めた『美味しんぼ』が予想もしない好評を得てしまった。当時の「スピリッツ」の編集長は、私が雁屋哲の名前で一九七四年から「少年サンデー」誌に『男組』という漫画を書く機会を与えてくれた人間で、私が漫画の世界で食べていけるようにしてくれた恩人である。

当時の「スピリッツ」は月二回刊だった。編集長は私に言った。「週刊誌を立ち上げるのが自分の夢だ。今なら、『美味しんぼ』が当たっているから『スピリッツ』を週刊誌にできる。今、お前にいなくなられたら、週刊誌化することが難しくなる。頼むから、あと二年待ってくれ」

自分の恩人にそう言われては断るわけにはいかない。私はアメリカ行きは延期して『美味しんぼ』に専念することにした。

そうこうするうちに、長男長女が五年生になるときに、連れ合いが私に言った。「もう五年生よ。このままだったら、近くの公立へやるか、私立へ入れたかったら受験勉強を始めなくては駄目よ」

それを聞いて、私は震え上がった。これは、えらいことになった、何とかしなくてはならない。このままでは、私が過ごしたような、無残な中学高校生活を子供たちが過ごすことになる。

私はとにかく受験勉強主体の日本の教育制度に自分の子供たちを乗せたくない。中学から大学まで一貫教育をする私立学校もあるが、そこに入れるためには小学生に受験勉強をさせなければならない。それは、私の方針に反する。

とにかく日本の教育体制から一度子供たちをひっぺがそう。二、三年海外にいて帰ってきたらもう子供たちは日本の教育体制には戻れない。それから先のことは、その時に考えよう。とにかく、早く脱出しよう。逃げるしかない。

日本の教育体制から逃げ出す、だから私は自分たちを「教育難民」と言ったのである。

親の横暴ではないのか、という迷い

そもそも、私は日本の主流を占める価値観が気にいらない。

日本では全労働者の七五パーセント以上が何らかの形での雇用労働者である。規模の大小は別にして、何らかの組織に属して給料をもらっているわけである（二〇〇七年現在、全雇用労働者の三三パーセントが非正規雇用者、要するに正規社員になれず、属する組織もない、ということだが、一九八八年当時の日本はそうではなかった。二十年前に、日本がこれだけ衰退すると誰《だれ》が考えただろうか。恐ろしい話である）。属する組織もいろいろあるが、中でも大企業、中央官庁で働くのが一番地位が高いとされている。したがって、みんな大企業、中央官庁に勤めたがる。しかし、いわゆる一流大学を卒業しなければ、大企業、中央官庁には就職できない。大学に進学できるかどうかは、中学に入るときに既に決まってしまうのが現状だという。高校受験の名門中学に入ることができれば、大学受験の名門高校に入ることができる。それが大学受験の成功につながる。物事は順に行っている。

だが、逆に、高校受験の実績の低い中学に入ったら、そこでおしまい。一流大学はもちろんのこと、大学進学自体が難しくなるという。

だから、どうしても小学生の受験勉強が激しくならざるを得ない。

高校生になって受験勉強をするのも辛いのに、まだ、心も体も幼い小学生に受験勉強を強いる。どうして、こんなむごいことをするのだろう。

東京だけでも数多くの小学生相手の進学教室がある。進学教室には毎日曜日に大勢の小学生たちが模擬試験を受けにやってくる。その小学生たちの群れを見ていると私は気持ちが暗くなってしまう。いったんあの群れに入ってしまったら、模擬試験で良い点を取ること以外のことを考えられなくなるだろう。夜遅くまで勉強し、塾に通い、日曜日にも休むことができず、進学教室に模擬試験を受けに行く。そんな生き方を続けていれば、ただ一つの価値観しか持てなくなる。

いい中学、いい高校、いい大学を卒業して、大企業か中央官庁に勤めること、それが一番価値のある人生ということになってしまう。そして、それに失敗すると劣等感に苛《さいな》まれる人生を送ることになる。

私は大企業や中央官庁に勤めることを悪いことだとは思わない。だが、大企業や中央官庁に勤めることだけが一番価値のある人生であるとは思わないのだ。他にももっと価値のある人生があるはずだ。ましてや、それに失敗したから劣等感を抱くなど全く下らないと思う（実際にそんな下らない劣等感を抱く人間がいるから情けない）。

しかし、小学校から、受験勉強の路線に叩《たた》き込まれてしまったら、その他の価値観を持つことができるだろうか。

そんなふうにして育った子供は一体どんな人間になるのだろうか。第一、そんな子供は幸せだろうか。

受験受験で追いまくられる学校生活が楽しいわけがない。楽しくないから、いじめや登校拒否が起きるのではないか。挙げ句の果てに頭でっかちで、心が空っぽの人間になってしまうのではないか。

私はそのような硬直した価値観、他人の決めたお仕着せの価値観で自分の人生を決めることは、うちの子供にしてもらいたくないと思っている。自分自身の価値観は自分で見つけてもらいたい。自分の幸せは、自分で演出してもらいたい。それでこそ、価値ある人生ではないだろうか。

しかし、現状の日本の教育の中においておけば、たった一つの価値観に染め上げられて身動きできなくなる。ではどうすればよいか。

ひっぺがすことだと私は思った。日本の教育制度からいったんひっぺがしてやること。ひっぺがす以外に、たった一つの価値観の呪縛《じゅばく》から逃れられないと私は思った。

いったん日本の教育制度からひっぺがしてしまえば、受験の階梯《かいてい》をよじ登って大企業や中央官庁にたどり着く進路には二度と戻れない。となると、嫌でも自分で自分自身の価値観を見出してその価値観に基づいた人生を歩むしか道はなくなるだろう。

しかし、そんなことをすれば、うちの子供たちは大企業や中央官庁に勤めるのは難しくなる。いや、難しいどころか、事実上不可能になるだろう。それはある意味では、子供たちから機会を奪うことである。それはまずいのではないか。親の横暴というものではないのか。私と連れ合いは大いに迷った。

迷ったが、結局、子供たちを日本の教育体制からひっぺがすことにした。

人間、生まれてくる親は選べない。どんな親の子供として生まれてくるか、それは全く運命である。であれば、うちの子供たちには、大企業や中央官庁に勤める機会を奪われるのも、私のような父親の子供として生まれてしまった運命と諦《あきら》めてもらおう。

その代わり、人生の楽しさを思いきり味わう生き方を教えてやる。それで、勘弁してもらおう。

そう、決めた。

さて、ひっぺがすといっても簡単なことではない。ひっぺがすのには何が一番よい方法か。学校にそのまま行かせていれば、否応なく日本の教育制度に乗ることになる。といって学校に行かせないわけにはいかない。

それなら、外国にいったん出るのが一番よいと思った。日本にいてはいろいろ未練が残って、うまくひっぺがすことができない恐れがある。

自分の国の教育制度が気に入らないから外国に逃げ出すというのは、ひどく不幸なことである。不幸ではあるが、いろいろ考えてもそれ以外に道はなかった。

取りあえず二、三年、どこかに逃げ出そう。二、三年経ったら帰ってきて、世の主流から外れてはいるが、自分自身で決めた価値基準によって生きていく生活を始めさせよう。そう決心した。

ただ、私たちは子供たちに説明は十分にした。私が日本の教育制度に抱いている考え。本当の勉強とはどういうものか。なぜ外国に逃げ出さなければならないのか。そのあたりの私の思いを何度も繰り返し語って聞かせた。

子供たちは本心から納得したわけではないだろうが、文句を言っても、私に「商社に勤めている人のことを考えてごらん。海外転勤なんか当たり前のことだ。そうなったら家族全員で外国に行くんだ。それと同じじゃないか」などと押し切られてしまうので、しまいには諦めてしまい、さしたる抵抗は示さなかった。しかし、子供心に、外国に出ることはひどく心細いことだったようだ。仲のよい友人たちとも離れてしまうのだから、ずいぶん辛かったことだろうと思う。世間様と同じ考えを持てない男を父親に持った運のつたなさと諦めてもらうしかない。

自国での難を避けるために外国に逃れる人間のことを難民と呼ぶ。であれば、私たちは日本の教育制度という難を避けるために外国に逃れるのだから「教育難民」ということになる。そんな訳で私たちは「教育難民」になったのだ。

逃げ出すことも戦い方の一つ

ところが、私がオーストラリアに引っ越すと言ったら、ある知人が「逃げる気か！」と言った。日本の現状に、自分自身何ら行動をとることなく、自分だけ楽なところに逃げるのか、そう詰問されたのである。

私は、敢《あ》えてそれに答えて言った。

「そうだ、私は逃げる」

外国に逃げるのが楽をする道だなどというのはとんでもない誤解だ。子供を連れて言葉も環境も全く違うところへ行くのである。物見遊山に行くのではない。しかも、こんなことをしても果たしてうまく行くかどうかも分からない。勝算は全くない。楽なわけがない。

おまけに、そうすることによって、失うものは大変に大きい。みんなと一緒に流されて生きた方がどんなに楽か分からない。逃げ出すことも私にとっては日本の教育制度に対する戦い方の一つなのだ。

日本の教育制度を改善する努力をするのが当然だろうに、外国に逃げ出すのは卑怯だ、と言われても私はひるまない。

それは、今の日本の教育制度に満足していたり、我慢できたりする人に、私の抱いている切羽詰まった気持ちは分かってもらえないことをたっぷり思い知らされてきたからだ。

例えば、私の子供たちと同年齢の子供を持っている人たちと日本の教育制度の話になると、ほとんどすべての人が何とかしなければならないと言う。

ところが、そう言っておきながら自分たちの子供はせっせと塾に通わせる。そして、子供が望み通りの学校に合格すると、日本の教育制度も悪くない、などと言い出す。受験勉強程度の試練を乗り越えられないような子供はどうせろくな人間にならない、などと言い出す人も少なくない。自分の子供が、一流大学に入るとそれで有頂天になる。そのうえ、大企業や中央官庁に就職すると、中小企業や商店で働いている人間に対して優越感を抱く。

日本の教育制度に本気で立ち向かおうと考えるのは、私のような変わり者か、あるいはこの教育制度で立ち上がれないような傷を負った子供を持つ親だけだ。

大半の親たちは、自分の子供がある程度の学校に入れれば、もう日本の教育制度のことなどどうでもよくなる。それどころか、成績が中以上の子供を持つ親たちは、この受験勉強一辺倒の教育制度を望ましいと言う。それは、自分たちの子供が他の子供たちより優位に立てるからである。

大半の親たちがそんな態度であるのが今の日本の社会なのだ。みんな我慢してるのに、どうしてあなただけ我慢できないの、と言われたことだってある。

しかも、一九八〇年代に入って、日本の社会は急速に体制服従的になってきた。

誰も、お上や大企業の言うことには逆らわないのだ。

就職希望の学生たちが会社を巡って歩くその姿を見れば、若い世代の意識まで体制服従的になっているのがよく分かる。

私たちの世代の者には思いもよらないことだが、今時の学生たちは、会社に気に入られるように、髪を短く刈り、地味な「リクルート・スーツ」と称される背広を着て会社を回る。

そういう学生たちを見ると情けなくなる。入社する前から、会社の命令には絶対従います、と媚《こ》びを売ってどうするんだ、と背中をどやしつけてやりたくなる。若くして、既に心朽ちたり、とはこのことかと思う。

要するに、大半の日本人は今の教育制度で満足している。少なくとも我慢できるのだ。私に

「逃げるのか！」と言った知人も、自分の子供たちがよい学校に進んでいることで満足している。拗《す》ねた言い方を敢えてするならば、みんなが満足したり、我慢できたりしているのに、私一人我慢できないのは私が悪いのだろう。

こういう状態で私に逃げ出さずに何かしろと言われてもそれは無理だ。私は嫌だ。お断りだ。それに、私が日本にとどまって、教育制度の改善を考えている他の人たちと協力しあって効果的な活動をなし得たとしても、日本の教育制度が五年や十年で改善されるはずはない。今の日本の教育制度は日本の社会の要請によって構築されたものだ。社会が変わらなければ、教育制度も変わるはずがない。

であれば、うちの子供たちにはとても間に合わない。

私に残された道は、「教育難民」を選ぶしかなかったのだ。

そして、そこまで私を駆り立てたのは、私が経験した、中学高校での生活だった。あんな思いを私の可愛い子供たちには絶対にさせたくない。結局その思いが一番強かった。

ところが、私が日本脱出をできずにいる間に、アメリカの社会がひどいことになってしまった。クラック、というコカインの誘導体が社会に広まって、十四、五歳で既にドラッグの売人になって金のネックレスをぶら下げ、ピストルも持ち、十代のうちに殺されてしまう、などという話を頻繁に聞き、特にサンタ・バーバラあたりは、非常に危険になったという。

冗談じゃない、日本の受験勉強一辺倒の教育体制も嫌だが、そんなドラッグと暴力の蔓延《まんえん》する社会に連れていくわけにはいかない。

さて困った、と思ったとき、「そうだ、南半球という手があった」とひらめいた。高校の時に非常に進んだ福祉制度を持っていると学んだオーストラリアの名前が頭に残っていた。

それで、試しに私ひとりで来てみたら、素晴らしい環境だ。私は、不思議な第六感のようなものが働く経験を今までの人生で何度かしているが、オーストラリアの土地に一歩踏み出したときに、その第六感が働いた。どうやら、オーストラリアとうまが合いそうだ。ここなら、のんびり子育てができそうだ、と心に響くものを感じた。私は自分の第六感に従って、アメリカをやめてオーストラリアに引っ越すことにした。

そこで、オーストラリアの目ぼしいところを、ケアンズ、ブリスベン、ゴールドコースト、シドニー、メルボルン、アデレード、パース、と見て回った。最後に、大変に充実した中華街とフィッシュマーケットがあるのと、明るいさわやかな雰囲気と、日本への交通の便の良さと、そんなことを考えてシドニーに決めた。

それからいろいろのことがあって、長男長女が六年生になった一九八八年五月にシドニーに引っ越してきたのである。

それが、私たちがシドニーに引っ越してくるまでの経緯であるが、最初に書いた通り二、三年のつもりが、二〇〇八年の五月でまる二十年を超える。これは、全く私の計算外のことになってしまった。

一体どうしてこんなことになったのか。

それを、これからお話ししたい。

第一章
無謀な企て

不安いっぱいの移住生活

私たちは一九八八年五月二十日、シドニーに引っ越してきた。

引っ越してきたといっても、これは隣町に引っ越すのとは訳が違って、実に様々な障害があった。

一番大きな問題は、引っ越す先が日本国内ではなく外国であること、そして、経済的事情である。

私の職業は物書きで、しかも日本語でしか書けない。私にとっての物書きとしての市場は日本しかない。その私が日本を離れるのは大変にまずいことだ。職を失うことを意味する。

ただ、ありがたいことに、技術の進歩が目ざましく、ファクスがあれば世界中どこからでも原稿を日本の出版社に送ることができるのはそれ以前に十分経験していた。一九八〇年代の初めまでは、例えばフランスのパリなどに行くとファクスが中央電話局にしかなく、ホテルから中央電話局まで行かなければならなかったし、京都でもやはり電話局まで行かなければならなかった。香港の町で、ファクスを探し歩いてへとへとになったこともある。しかし、急速にファクスは普及し、大抵のホテルには設置されるようになり、わざわざ電話局まで行く必要がなくなった。

しかも、そのうちに、携帯型のファクスができたので、私の行動半径は大いに広がった。電話回線さえあれば、携帯型のファクスを使って世界中から原稿を送ることができるようになったのだ。

当時の私はホテルに入ると、まず最初にその部屋の電話回線の取り入れ口をねじ回しやナイフなどを使って開けて、壁の中から電話線を引き出した。

今でもヨーロッパに行くと、壁についている電話機用のコンセントの型は国によって違うが、当時はそのコンセントすらなく、電話線は壁の取り入れ口から直接壁の奥に繋《つな》がっていることが多かったので、そうするしか他に手はなかったのである。

電話線は何本かの線の束になっていて、どの線がファクスに使えるか調べなければならない。自分で持ってきた携帯型のファクスに鰐口《わにぐち》クリップでつないでみて、発信音が聞こえればそれでよし。ファクスは使える。

その作業が済むとほっとしたものである。そんな私を見て連れ合いは「まるで００７ね」などとからかった。

で、私はファクスさえあればオーストラリアからでも原稿を送ることができるから、当分はしのげると考えたのである。

だが、漫画の仕事は厳しいもので、読者の人気が落ちると連載を打ち切られてしまう。当時『美味しんぼ』はまだ読者の支持があったが、それがいつまで続くか全く分からなかった。『美味しんぼ』が終われば仕事がなくなる。そうなったら、どうして食べていけばよいのか分からない。新しい仕事を始めるためには準備がいる。『美味しんぼ』が終わると決まったらすぐに他の仕事を探さなければならないが、オーストラリアにいてはそんなことはできない。

この生活の不安というのは大きいものである。夜中にふと目が覚めて、仕事がなくなったときのことを考えると、とても寝てはいられないような気持ちになったりする。

その当時私は漫画の原作の仕事を始めて十年以上経っており、自分では十分稼いだつもりになっていた。で、連れ合いに私はいくら財産を持っているかと尋ねたら、連れ合いの答えは「今住んでいるこの家だけ。それも、まだローンが沢山残っている」と言う。私は驚いて「ずいぶん稼いだじゃないか」と言うと、連れ合いは「稼いだお金は全部哲ちゃんが食べちゃった」と答えた。

確かに私は美味しいものを食べるのが大好きで、他のものにはひどくけちなのに、食べ物やワインについては全く経済観念を失ってしまう。美味しいものを食べに外国に行くことも平気だった。それでは、どんなに稼いでもお金は残らない（おかげで、『美味しんぼ』を始めて数年間は、全く取材をせずそれまでの自分の経験だけで書くことができたのだが、そんなこと何の自慢にもならないな）。

そんな経済状況でオーストラリアに二、三年暮らしてみよう、などというのは無茶な話だが、私の持って生まれた性格で、無茶と分かるとなおのこと突っ走らないと気が済まない。

駄目になったら、それまでだ。その時は家を売ればローンの残りを差し引いても半年やそこらは生きていけるのではないか。その間に新しい仕事を何とか探そう。とにかく、やりたいことはやってしまえ、と腹を括《くく》った。

もちろん、それ以前に夫婦でよく話し合ってはいたが、そんなお金の心配があるうえに、オーストラリアなどという見知らぬ国に行くことで、連れ合いはひどく心細かったのだろう。シドニーに来てからもしばらくの間、心配気で、表情がなかなか柔らかくならなかった。

今でも私は、シドニーに着いた最初の日、私の決めた家に向かう車の中で、三歳の次男をしっかり抱え不安気に窓の外の景色を見ていた連れ合いの表情を忘れられない。その表情の記憶が、いまだに私を苦しめる。しかし、それも私のように日本の常識に合わない男と結婚した連れ合い本人のせいだ、と私は考えることにした。

やると決めたらやらねばならぬ

私たちは最初シドニーの中心部から車で四十分ほどのチャーチ・ポイントというところに住んだ。

それ以前、一九八七年の十月に、私はシドニーでひと月ほどキッチン付きの安いホテルを借りて、住む家を探した。その際に日本の知人に三井物産のシドニー支社の方を紹介していただいた。当時三井物産のシドニー支社は社員が多く、社員のための不動産を管理する部門もあった。そこの大西さんという方にいろいろ便宜を図っていただいたのだが、ある時、三井物産を中心としていくつかの会社の駐在員の方たちの釣りの会に誘っていただいた。私は釣りが好きなので、喜んで参加したが、その釣り場はシドニーの北端にあるピット・ウォーターという細長い湾で、その湾内で釣りをするのである。

今は全然釣れなくなったが、当時は船を出せば鯛《たい》が入れ食いで嫌になるほど釣れた。その時に船を出した船着き場があったのがピット・ウォーター湾沿いのチャーチ・ポイントという町だった。道の横はすぐに海で、その海の美しさ、周囲の景色の美しさ、町並みの美しさ、こんな美しいところが世の中にあるのか。私はほれぼれとして住むならここだと決めたのだ。

私が大西さんに住む家を探していると言うと、大西さんは「うちの会社にアルバイトで来ているオーストラリア人の女性の父親が確か不動産業者だ。ちょっと聞いてみましょう」と言った。

その女性は、ララ・マックドナーといい、キャンベラのオーストラリア大学で日本語を専攻して、卒業したばかりで、背が高く素晴らしい美人だった。

高校の時に長崎の高校に半年ほどホームステイしたというが、それと大学の授業だけで日本語を流暢《りゅうちょう》に話せることに私は驚いた（私たち日本人は外国語を習得するためにいかに努力しても不可能であることを体験して気がめいるが、外国人は簡単に日本語を習得してしまうのである。脳の構造に日本人は何か欠陥があるのではないかと私は思ってしまう）。

ララは早速自分の父親、デニス・マックドナーを紹介してくれた。デニスは私より三歳年上で、アイルランド系であるが典型的なオージーで、快活・陽気・冗談好き・ついでに大変感傷的という一緒にいて実に気持ちの休まる人物だった。偶然、デニスは私が住みたいと願っているチャーチ・ポイントあたりが自分の商売の領域だったため、願ったり叶《かな》ったりということでデニスにおんぶに抱っこで、私は住む家探しを始めたのだ。

最初は経済的な問題もあり、オーストラリアに長居する気もなかったので、借家を探したのだが、その当時の私の家の家族構成からすると借家は無理だと分かった。

当時の私の家の家族構成は、私たち夫婦、四人の子供、連れ合いの母親、の七人である。オーストラリアでも、七人家族は通常から外れた大家族であって、それにふさわしい借家などあるわけがない。借家を経営する人は、小人数の家族構成にぴったりの家を持ってそれを貸すのが一番効率が高い。

そのような大家族向けの借家はほとんどといってよいほど存在しないことが分かった。となると、家を買うしかない。だが、これは大変な難題である。日本にローンつきの家を持っているうえに、さらに、オーストラリアでローンつきの家を買うのか。こんな、馬鹿馬鹿しい無駄は他に考えつかない。

しかし、やると決めたらやらねばならぬ。

そこで、考えたのが、借金をして家を買っても、オーストラリアを出るときに売り払えば、借家の家賃と同じ程度の出費で済むのではないか、ということだ。そう考えて、さらに無理な借金を重ねて家を買うことにした。

デニスの案内であれこれ見て回って、チャーチ・ポイントの海に面した家を発見して、購入することにした。

その後、デニスとは一家ぐるみの付き合いになり、デニス一家はオーストラリアのことを知らない私たちのためにいろいろな手助けをしてくれた。

子供たちの学校を探して入学の手続きをしてくれたのもデニスの奥さん、ジェーンである。デニス一家の助けがなかったら私たちはオーストラリアでこんなに楽々と生きていくことはできなかっただろう。

外国に住む場合に、助けになってくれる現地の友人をその土地に持つことは大事なことである。日本の会社の駐在員はたいてい三、四年で日本へ帰ってしまう。やはり、オーストラリアならオーストラリア人の友人が必要だ。私たちは、シドニーに引っ越してくる前に既に友人を作ることができて、非常に幸運だった。

野生動物の宝庫

そして一九八八年五月二十日、私たち家族はシドニーに越してきたのである。チャーチ・ポイントはシドニーの中心部から、ハーバーブリッジを越え、北に車で四十分ほどのところにあるピット・ウォーターという南北に非常に細長く伸びた深い湾の一番奥に位置している。静かな住宅街だが、目の前に一つ、歩いて十分ほどのところにもう一つヨット・ハーバーがあり、五分ほどのところに湾内あちこちに行くフェリーの乗り場があるようなところで、リゾート地に近い雰囲気を持っている。

私の家の目の前は非常に浅い海で、沢山のヨットやボートが停泊している。深い湾の一番奥で、しかも目の前にスコットランド・アイランドという島があるので湾の出口の方は見えず、海といっても湖のようにいつも穏やかで、その景色を見ていると心の底からくつろぐことができた。

頭に黄色い冠のあるコカトゥーという名の白いオームや、オーストラリア人が大好きなクッカバラという名の笑いカワセミの種類など、何種類もの野鳥がベランダにやって来て餌《えさ》をねだり、周囲に自生している様々な野生の花が放つ香りで恍惚《こうこつ》とするという状態だった。シドニーの中心部から四十分離れただけで、これだけ野性味を味わえるとは予想もしなかった。

夜になると日本のむささびに似ているが小型の犬くらいの大きさで、腹に袋を持っているオーストラリア独特の有袋類の一種であるポッサムという愛嬌《あいきょう》のある動物が屋根の上や裏庭を走りまわる。夜、裏庭にリンゴをおいておくと、そのポッサムがちゃんと持っていくのである。ブルータングというトカゲの家族ものんびり姿を現した。

何から何まで、横須賀市秋谷の風景とはまるで違った。

私たち家族は初めて、野生動物と一緒に暮らすという生活形態を学んだ。

ブルータングは愛嬌者で、舌が青いのでブルータングというのだが、初めて私の家の裏庭の茂みから頭をぬっと突き出したときには、とんでもない大蛇が現れたと思った。最低で二、三メートルはある蛇だと思ったのである。頭だけを見ると、凄まじい大蛇なのだ。ところが、茂みからさらに出てくると、頭のすぐのところに脚が見える。脚のある蛇は存在しない。さらに体が続いて出てくると、脚はもう一組あり、しかも後ろの脚が終わると胴体も突然終わる。太い胴体とでかい頭と恐ろしげな顔のくせに、何と唐突に三十センチほどの短い体で終わるのである。

日本で、一時話題になった「つちのこ」などもこんな生物だったのではないかと私は思う。

私の家のベランダに飛んでくる野生の鳥類は十一種類以上。野生動物に餌を与えてはいけないとされているが、私の家の周りの人間はそんなことを一切無視して、自分の家に野生動物が来てくれることの嬉《うれ》しさゆえに、どんどん餌を与えていた。

オーストラリアに住んで二十年になるが、野生動物との付き合いは極めて大事である。

極めて厳格な自然動物保護主義者は絶対に野生動物に餌をやってはいけない。人間の食べる物を与えると、野生動物は添加物などの害を受けると同時に、自分たちで餌をとるという基本的な行動を失うから、絶対に自分の家にやってくる鳥や動物に餌を与えるなと、それはそれは、怖い顔で主張する。その理由も分からず、やたらと野生動物に餌を与えるのはアジア人に多いのだ、と言われると、こちらもかちんと来る。もともと、自然の大宝庫だったオーストラリアを植民地にして勝手放題に開拓したのは、おめえらだろうが。それを、何を今さら、格好つけてやがんでえ、とぼけんじゃねえよ、と私は思う。

で、今でも私の連れ合いは、家にやってくるブッチャーバードという日本で言えばモズに近い兇暴な鳥を「私のかわいこちゃん」と呼んで毎日餌をやっている。私の家ではひき肉は、肉のかたまりを買ってきてそれをフードプロセッサーにかけて自分で作る。売っているひき肉は何が入っているのか分からないし、第一まずいからである。ただ、鳥にやる肉だけは肉屋で買ってくる。それに、肉だけでは野生動物の栄養上問題があるというので、なんだか訳の分からないビタミンやミネラルの混じった粉末をまぶして与える（鳥の練り餌に使う粉末だということだ）。やらないと、窓ガラスに体当たりして要求するし、ベランダへの扉を開けておくと、食堂に入ってきて、椅子《いす》の背もたれにとまって、凄まじい大声で鳴いて催促する。連れ合いは、一日中鳥に追われているような感じである。

学校創立以来初めての日本人

それはともかく、チャーチ・ポイントに越して来て、子供たちは、家から歩いて十分ほどのところにあるロカット・バレー・スクールに入学した。ロカットとはビワのことで、昔そのあたりにはビワの林があり、そこからビワをシドニーの市場に売りに出していたという。今は、完全な高級住宅地になっている。

ロカット・バレー・スクールはイギリス系のアングリカン・チャーチというキリスト教の会派に属する学校だが、入学資格がキリスト教であることもないし、週に何回か聖書を読んだりする時間があったようだが、なにしろその当時の私の子供たちは、まるで英語などできず、ちんぷんかんぷんだったのに、それで別におとがめもなかった。その宗教的な締めつけのないところが、無宗教で育ててきた私たちにとってはありがたかった。

私の長男長女は双子で、日本では六年生になったばかりだったが、オーストラリアの学制では、十二月に学年が終わり、次の年の二月から新学期が始まり上の学年に進む。五月に来て、十二月までで小学校を終わり、次の年の二月に中学に進むのはあまりにきつすぎるのではないかという校長の意見で、長男長女は一年遅らせて五年生の学級に入ることにした。

当時、日本の経済はバブルの絶頂期で、シドニーにも日本の会社の駐在員が六千人以上いたが、さすがに市の中心から四十分も離れると日本人の姿はなく、私の子供たちが最初に登校した日、「初めての日本人だ」と珍しがられ大勢の生徒たちに取り囲まれたという。

あとで、仲よくなった子供にその日のことを聞くと、全校生徒がうちの子供たちを取り囲んだので、自分はよく見ることができなかったと言った。それほど、日本人が珍しい地域だったのである。今でも、あのあたりには日本人だけでなく、アジア人の姿は少ない。アジア人は市の中心部近くと南部、西部、ハーバーブリッジの北側チャッツウッド地域に偏在している。

このチャーチ・ポイントで、我々はオーストラリアでの生活の第一歩を踏み出したのである。暮らしはじめて最初の二年ほどは本当に辛かった。最初に、「教育難民」などと言ったが、ああ、本当に我々は難民なのだと何度も本気で落ち込んだこともある。

分からないことばかりで、うろたえる。まず、第一に言葉だ。次に、オーストラリアの生活習慣だ。子供たちに学校でどうすればよいのか教えようにも、私たちには見当もつかない。シドニーに来て最初に子供たちを入れたロカット・バレー・スクールは、私たちの子供が学校創立以来初めての日本人だということで、大変親切にしてもらったが、初めての日本人ということは助けになる日本人の先達がいないことでもある。

連れ合いは不自由な英語で、学校の先生や事務の女性に細々としたことをいちいち尋ねなければならない。みんな親切に面倒をみてくれたが、私たちの方にとんちんかんな勘違いや間違いがあって、滑稽《こっけい》な間違いをしたことも少なくない。

その両親の自信のなさが、てきめんに子供たちに響く。

子供たちも不安一杯で毎日を過ごしているのがよく分かった。新しい学校の制服を着て、オーストラリア風の鞄《かばん》を背負って、連れだって学校に向かう子供たちの後ろ姿は頼りなげで、胸を突かれるものがあった。

どうして、こんな無謀なことをしたんだろうと、私は自分の無鉄砲さを今さらながら後悔したりした。

新しい環境への対応の仕方も子供によって個人差がある。

長男の威陽《たけあき》は開けっ広げで、屈託のない性格なのですぐに友達ができた。一番最初に英語で喋《しゃべ》りはじめたのは長男である。もちろん、大変でたらめな英語なのだが、何とか意思を通じさせてしまうのには感心した。

長女の遊樂《ゆら》は気は強いのだが控え目に振る舞い、用心深く一歩一歩踏み出していく案配だったが、幸運なことにすぐ近くに大変活発な女の子の同級生がいて、その女の子を、学校が長女を助ける係に任命してくれたので、着実に学校に打ち解けていった。

問題は次女の遊喜《ゆき》だった。遊喜は、完全主義者で、誇り高く負けず嫌いの性格なので、長男のようないい加減な英語で友達と話したりすることができない。

次女は小学校二年生で、最初のロカット・バレー・スクールという小学校に入り、四年生になるときに、後で語ることになるグレネオン・スクールに転校したのだが、ロカット・バレー・スクールにいる一年半はほとんど学校で口をきかなかった。学校では、次女は英語が全く駄目だと思われていた。

ところが、次章で書くように後にグレネオン・スクールに転校すると、何と最初の日からべらべら英語で喋りはじめたのだ。次女は自分がきちんと話すことができるまで話すまいと決めていたらしい。何と強情な娘なのだろう、と私と連れ合いは呆《あき》れ果てた。同時に、何と辛い生活だったのだろうと思うと胸が痛んだ。

次男の太陽は、三歳で来たので、あまりの環境の激変にこたえたらしく、一日中連れ合いにしがみついているので、皆に「コアラ太陽くん」などとからかわれていた。

で、ある時、私が次男に「太陽、お前どうしてそんなにお母さんにくっついてばかりいるの」と尋ねると、太陽は「だって、太陽、お母さんが大好きなんだもの」と言った。そこまではよい。子供が母親を好きなのは当たり前だ。しかし、次の一言が私を打ちのめした。太陽は言葉を続けて「それは、お父さんもついでに好きだけど」と言ったのである。

ああ、あんなに打ちひしがれたことはなかったな。「ついでに」とはあんまりじゃないか。この時私は固く決心した。次は絶対に女に生まれて、沢山子供を産んで、それを全部自分で抱え込んで育てる。子供を百パーセント自分のものにするのだ。

英語、という障害

連れ合いは、役所との交渉ごと、家の管理、買い物、それらすべてを英語でするという拷問じみた生活で疲れる。私は、日本を離れて仕事がうまく行くはずがなく、しかも、家庭の雑用をいろいろこなさなければならず、本当に困った。

さらに、オーストラリアはヨーロッパから地理的に離れてはいるが西欧白人社会であり、六〇年代の終わりまで白豪主義といって白人しか移民を許さない白色人種主義を奉じていた国だから、アジア系の人間に対して差別心を持っている人間が少なからずいる。第二次大戦中日本軍の捕虜になったオーストラリア兵が残虐な取り扱いを受けたことで、今でも強い反日意識を持っている人もいる。

だから、日本人として、企業の駐在社員は別として、企業に何の関係もない一個人が単純に安穏に住み込む環境ではなかったのである（一九八八年当時は日本のバブル経済の絶頂期で、日本の会社がオーストラリアの不動産を買いあさっていた。シドニーの有名どころのホテルのほとんどが日本の企業の持ち物だったとは、日本経済が退潮一途の今となっては信じられないことである。当時、あまりに日本人が不動産を買いあさるので、オーストラリア人の間に日本に対する悪感情が特にクイーンズランドでは高まっていた。オーストラリア中の良いところを全部日本人に買われてしまうのではないかと恐慌をきたす人たちもいたのである）。

といって、私たちはオーストラリアで日本人だからという差別を受けた覚えはない。むしろ親切な扱いを受けて感激したことが多い。

しかし、中にはたちの悪い人間もいる。後で話すことになるが、私の連れ合いの甥《おい》のビザの件で問い合わせに行ったときに、チャッツウッドの移民局で我々を担当した典型的なアングロ・サクソンの女性係官は最悪だった。威張りくさって移民を見下す態度には、気が狂いそうなばかりに腹が立った。

下品で醜い顔つきの荒々しい態度の女性係官に、人を人とも思わない見下した態度で意地悪をされたりすると、腹わたが煮えくり返るような思いがして、もう日本に帰ろうと思ったりする。日本にいればこんな目に遭わずにすんだのにと、情けなくなる。といって、一度出てきたからにはそんなに簡単に帰るわけにはいかない。

まさに私たちは難民としてのきつい生活を始めたのである。

だが、それも、今となっては遠い昔の話だ。

しかし、長男長女が高校に入ったころ、最初にオーストラリアに引っ越してきた時期の話になったとき、何の屈託もなかったと思っていた長男が「辛かったんだよ」と何かの拍子で言ったのが、私にはこたえた。本当に、難民は辛いものだ。

そういうこととは別に、日常的に私たちが最初に苦しんだのは英語だが、それについて、ジャパン・プレスに書いたものを引用しよう。

《母国語を失うことは母国の文化とはぐれること（ＪＰ一九九〇年十二月号）

外国で子供を育てるときに一番大きな問題は日本語教育をどうするかということだろう。日本人学校に入れれば何の心配もないが、現地校に入れるといろいろと問題が起こってくる。オーストラリアの学校だから、英語が分からないことには授業内容が理解できないのはもちろん、日常生活も営めない。

私の子供たちも英語では苦労したようだ。

週に三回、家庭教師に来てもらい、学校でも正規の課目とは別にうちの子供たちだけ英語の特別授業を受け、時には校長先生が校長室にうちの子供たちを呼んで、自ら英語を教えてくれもした。それだけ力を尽くしても、うちの子供たちの場合、一応、不自由なく学校生活を送れるようになるのに、一年半以上かかった。二年半経った今となっては、授業中に友人とおしゃべりをしすぎると先生に叱《しか》られるほどの英語力になった。

英語が不自由でなくなってくると、今度は厄介なことに日本語が不自由になってくる。

言語は文化のかなめであって、母国語を失うことは母国の文化とはぐれることだ。

私が四人の子供をオーストラリアに連れてきたのは、伸び伸びのんびりした教育を与えたかったからだが、日本文化からはぐれてしまっては何の意味もない。

それに私は文筆業である。私が書いたものを、将来私の子供たちが読めないし理解もできないという仕儀《しぎ》になったりしたらあまりに淋《さみ》しい。そんな訳で、今、私と妻が頭を悩ませているのは、どうすれば子供たちの日本語能力を高められるかということだ。

最近は油断すると四人の子供たちは家に帰って来てまで互いに英語で話している。その度に、「家の中で英語をしゃべるな！」と私は怒鳴るのだが、怒鳴るだけでは問題は解決しない。実に難しい。》

英語力が付いてくると日本語を忘れる

この回は切実な問題を二つ含んでいる。

まず第一に、外国語の習得がいかに難しいかということだ。

オーストラリアに引っ越してきたとき、長男長女は小学校六年生、次女は二年生、この三人が英語をある程度まで不自由なく理解できるようになるのに二年以上かかった。まだ頭の柔らかい年頃でそれほどかかるのである。しかも、それでも、生まれつき英語を母国語としているオーストラリア人の子供には遥かに及びも付かない英語力である。学校の授業がようやく理解できる程度だったのではないだろうか。

この、自分の子供たちの経験を通じて、私は、日本人は外国に留学することを簡単に考えすぎていると思うようになった。

自分の子供を外国に留学に出す人たちは、外国語を習得する難しさを全く考えていないことが多い。外国に行って一年も過ごせば外国語の読み書きはできるようになると思い込んでいる。もちろん、生まれつき外国語を習得する能力の優れた人もいるだろうが、それは少数で、二年も外国にいても日本人仲間とばかり付き合って、結局外国語を全然ものにできずに帰ってきた若者の例を私は沢山知っている。

ましてや、大学生になって初めて外国に留学したのではもっと辛い。英語の習得には小学生の頃より時間がかかるというのに授業内容は遥かに難しい。日本にいても学校の授業を理解するのは難しいのに、それを、ろくに理解できない外国語で大学の授業を受けてそれでどうして授業についていけようか。

もう一つの切実な問題は、言語と文化の関係である。

私たちは外国語の習得が難しいものであることを骨身にしみて味わったが、子供たちに英語力が付いてくると今度は、日本語を忘れるという問題が起こってくる。

アメリカやオーストラリアにいるアジア人で英語しか話せない人をよく見かける。家族の中でも英語で話している。名前も姓の方は伝統的な姓を残しているが、名の方は英語風のものになってしまっている。

オーストラリアに住むのには、名前はオーストラリア風に変えたほうが便利だから構わないが、母国語を失った人を見るたびに、私は正直に言って何と勿体《もったい》ないことをしたんだろうと思ってしまう。言葉は文化そのものであり、その人間の根っこだと私は思う。言葉を失うことは文化を失うことだ。自分たちの文化を失って他国に生きることは、他国で単なるマイノリティに堕することだとも、私は思う。

オーストラリアのような多文化主義の国は、たとえて言えば、みんなが料理を持ち寄ってパーティーを開いているようなものだと思う。持ち寄る料理とはそれぞれの民族の文化である。それぞれが異なる特色の料理を持ち寄ってこそパーティーは楽しく豊かになる。その時に、自分の料理を持って来ず、他人の料理を食べるだけの人間はパーティーの掟《おきて》破りだ。他人の文化に埋没してしまう人間は尊敬されないのだ。

他人の料理を味わい、自分の料理も他人に味わってもらう。時には、他人の料理と自分の料理のよいところを合わせて、今までにない新しい料理を作る。それは新しい文化の創出だ。それこそが本当の意味の国際化というものではないだろうか。

真の国際化は自分の文化をしっかり持って初めて可能なことだと私は思う。日本では西洋崇拝の念が強いから、西洋風の生き方が国際化だと思っている人が少なからずいる。だが他国の文化に埋没することは悪いことではないだろうが、国際化とはまた別の問題だ。そのために、母国語を失うわけにはいかないのだ。

裸足で歩くオーストラリア人

この最初の二、三年は、言葉の問題と同時に、日本とオーストラリアの生活文化の違いに大変苦しんだ。そのあたりのことは、ＪＰに書いたものを読んでいただこう。

《異文化の中で子供を育てることの難しさ（ＪＰ一九九一年一月号）

私はどうやら、ひどく旧弊な人間であるらしく、子供たちをオーストラリアに連れてきていながら、子供たちがオーストラリア人のように振る舞うと腹を立てる。「日本人らしくしろ！」と子供を叱ることが度々ある。

たとえば、私はオーストラリア人が、それも大の大人や妙齢のご婦人までもが裸足で外をぺたぺた歩き回る姿に我慢がならない。海岸や、プールサイドならかまわないが、家の周り、庭の中、街路などを裸足で歩くのはとても勘弁ならない。特に街路には犬・猫・鳥の糞《ふん》、種々雑多なゴミ・埃《ほこり》、そんなものが散らばっている。そこを裸足で歩く神経が耐えられない。見ているだけで、私は気持ちが悪くて背筋がゾクゾクする。

腹が立つのは、私の子供が、その真似をして裸足で外に出たがることだ。ちょっと眼を離すと、私が何度も叱っているにもかかわらず、裸足で外に飛び出してしまう。

裸足で外を歩くのはそんなにも気持ちがよいのだろうか。

裸足より、もっと苛々《いらいら》させられるのはオーストラリアの子供の行儀の悪さである。

チャーチ・ポイントに住んでいるとき、隣に越してきた家の子供たちにひどい目に遭った。

十歳・七歳・五歳の三人娘なのだが、裸足で塀をのりこえてくると、うちの次女、次男と大騒ぎを始めた。楽しく騒ぐのはよいのだが、日本人の子供とは大分違う。

家中を走り回る。戸棚は勝手に開けて中の物を引きずり出す。冷蔵庫のジュースは断りなく飲む。ピアノは叩きまくる。オモチャの類は床一杯にぶちまける。たまりかねて私の妻がうちの子供たちと一緒に片付けさせようとすると、どうして私が片付けなきゃいけないの、と抜かす。

日本人の子供なら当然持っている「遠慮する」という態度は皆無である。

こんな経験は初めてではない。引っ越してきて早々、次女の同級生がその弟を連れてきたときに同じような目に遭って以来、何度か経験してきた。

しかも、腹が立つことに、そんな子供たちが自分の家では、そして自分の両親の前ではウソのように行儀よくふるまうのである。

これはイギリスの伝統なのだそうだ。イギリスでは可能性はすべて試してみるという態度を子供の頃から身につけている結果、やってみたいと思ったことはまず実行する。

しかし、大人が駄目と禁止したら、諦める。

だから、既に禁令の張りめぐらされた自分の家では、それに従っておとなしく振る舞うが、禁令のないよその家では可能性を試すのだそうである。

なるほど、そのような国民性があったからこそイギリス人はインディアンを滅してアメリカをつくり、アボリジニを滅ぼしてオーストラリアをつくることができたのだろう。

二十一世紀を生きるからには、私の子供たちもオーストラリアの子供たちのように、遠慮よりも可能性を追求するほうが生き易いだろうとは思うのだが、それはどうも私のよしとするところではない。

異文化の中で子供を育てるのは難しい。異文化のよいところだけを身につけてほしいと願うのはムシが良すぎるということなのかもしれない。》

生活文化の違いというものは、体験してみなければ分からない。

オーストラリアに来て、初めて裸足で歩いている人を見たときには驚いたものである。若者が血気にまかせて裸足で外に飛び出したというのならまだ分かるが、日本風に言えば会社の中堅管理職くらいの年輩の紳士も、妙齢のご婦人もそこらの商店街を裸足でぺたりぺたりと歩いているのを見たときには我が目を疑った。

ある時、オーストラリア人の家に招かれたとき、そこの家の夫人が裸足で迎えに飛び出してきて驚いたことがある。その夫人は教養もあるし、中の上に属する結構な暮らしをしている人である。そのまま、その夫人は自慢の庭を見せるために私たちを案内してくれたのだが、私には庭の泥の上をべたべた裸足で歩く夫人の足が気になって、自慢の庭の良さがよく分からなかったのは残念なことだった。

さすがに冬の間は裸足で歩く人はほとんど見かけないが、これが春になるとあっちにもこっちにも裸足人間が登場する。晴れている日ならともかく、雨降りの日に町中を裸足で歩くのを見ると気持ちが悪くてこちらの足がむずむずしてくる。商店街の歩道の上は思いもよらず汚らしいものである。埃、ごみ、泥が雨水でぐちゃぐちゃになっている。その上を裸足で歩くと、そのぐちゃぐちゃが、指の間から足の甲の上にまでずるずるとはみ出してくる。ああ、こんなふうに考えるだけで気持ちが悪い。

ある雨の日曜日に、子供たちにせがまれてレンタル・ビデオ屋に行ったことがある。日曜だから親子連れが大勢来ている。そのかなりの親子連れが裸足だったのでうんざりした。家族全員が裸足で街に繰り出してくるとはどういう神経なのか。山の中やあるいは美しい野原でなら裸足になるのは気持ちがよいだろう。しかし、どうして町中を裸足で歩くのか。しかも、雨の日に。

ところが私の連れ合いによると、雨の日の方が裸足の人は多いそうだ。その心はといえば、雨の日に靴を履いて歩くと靴が傷む。布の靴なら洗わなければならなくなる。それが嫌なので、靴を履かず裸足で歩くのだという。それは、そうだ。足を洗う方が靴を洗うよりよっぽど楽だ。その説が正しいとするなら、オーストラリア人も大分けちくさいではないか。

ある時、日本の放送局のためにテレビの番組を作ったことがあった。私と一緒に番組を進行するためにオーストラリア人の女性を放送局が手配した。その女性は、日本での生活も長く日本語も達者なので私も気楽になって、何かの拍子にオーストラリア人が裸足で歩く話になった。すると、その女性は真顔で、オーストラリア人は裸足で外を歩くなんてことはしないと言う。海辺とかリゾート地でならともかく、少なくともシドニーの町中を裸足で歩くことはしないと言う。

そう言っている最中に、放送局の女性が道の反対側を歩いてくる人を見て声を上げた。若いこぎれいな身なりの女性が裸足で歩いてくるではないか。

あれ、あれ、と私たちが喜んでいると、また反対側から今度は裸足の男が来る。

話はそれだけで済まず、その後、撮影のために車でシドニーの街をあちこち走りまわったのだが、その途中、何人もの人間が裸足で歩いているのを見かけた。私は意地悪なので、裸足の人間が来るたびに「ほら、またいた」と騒ぐ。すると、番組を手伝ってくれたそのオーストラリア人の女性は憮然《ぶぜん》となる。それがまたおかしかった。彼女がどうしてオーストラリア人が裸足で外を歩いたりしないと強弁したのか、そのあたりの心理状態も考えてみると面白い。

とはいえ、裸足で外を歩くより、土足で家の中に入るのはもっと嫌だ。考えてみると、家の中に入るときに履き物を脱ぐのは世界中で日本人と韓国・朝鮮人だけだろうか。

チャーチ・ポイントに二年半ほど住んで、後で述べる学校の都合で、一九九一年に、今住んでいるキャッスルクラグの家に越してきたのだが、今度の家は、二階の床が板張りになっている。寄せ木の板を張ったなかなか感じのよい床なのだが、よく見ると、表面に小さい丸いくぼみが無数にある。最初は何だか分からなかったが、考えてみて分かった。ハイヒールの踵《かかと》の痕《あと》なのである。

オーストラリアの女性は立派な体格をしている。その、立派な体軀《たいく》を揺さぶりながらハイヒールで床を蹴《け》って、かっ、かっと歩く姿は、町中で見ればさっそうとして格好よいかもしれないが、家の中では床に傷を付けて歩いたりしないでもらいたいと、日本人の私は思うのである。

今、きれいに塗り直したその床の上を私や息子たちは裸足で、連れ合いや連れ合いの母親、それに娘たちはスリッパを履いて歩いている。床の上のハイヒールのくぼみを見たときに、文化の違いはこういうところに表れるのであって、しかもその違いは決定的なものであることを考えさせられたのだ。

日本は道が舗装されていないから、家に入るときに履き物を脱がなければならないけれど、西洋では街がきれいに舗装されているから靴を脱がないでもいいのだ、などと言う人がいるが、それは見当はずれの意見だろう。

オーストラリアでもヨーロッパでも、私はあちこちで農家を訪ねたが、彼らは畑から帰ったそのままの靴で家の中に入るのである。外の埃や泥を家の中に持ち込むことに彼らは無神経である。もちろん、戸口に靴拭《ふ》きがあって家の中に入るときにはそれで靴の底をこすって入るが、あんなものは気休めにすぎない。

西洋人は大昔、道が舗装などされていないときから土足のまま家の中に入っていたのだし、日本人はすべての道が舗装されている現在の都会に住んでいても、家の中に入るときには履き物を脱ぐのである。

気になるのはこちらの赤ん坊である。赤ん坊は家の中を這い回る。床を這ったその手をしゃぶる。ところがその床の上を大人は土足で歩き回っているのである。

日本では、手洗いに入るときには手洗い専用の草履やスリッパを履く。裸足のまま手洗いに入ったり、手洗いの履き物のまま部屋の中に入ったりしたらちょっとした騒ぎになる。ところが、西洋では手洗いで履き物を替えるなどということはしない。大人が手洗いから出てきた靴で歩き回るその後を、赤ん坊が這い這いする。その手をしゃぶる。私たち日本人にとっては考えたくない光景だ。日本の乳児死亡率が極めて低いのはそのあたりのことも影響しているのかしら。

強烈なオーストラリアの子供たち

裸足と履き物の話はこれくらいにして、オーストラリアの子供たちの行儀について言うと、これは私たち日本人から見るとかなり悪い。これはアングロ・サクソンの民族性によるものらしい。というより、西洋人の特質の一つとまで広げてもよいかもしれない。

少し前に、隣に越してきた家の子供たちにひどい目に遭った話を書いているが、そこにもちょっと触れているように私たちはそれ以前に次女の同級生の女の子に驚かされている。

それは私たちがまだオーストラリアに来て間もない頃で、次女は小学二年生。子供たちが英語をよく話せないので、その女の子が私のところに何か言いにやってくるのだが、何の用かと思えば、いきなり口を大きく開けて、その口を指で指して、何か食べる物をくれというのである。どこかの難民の子供でももっと品がよいだろうと、呆れはしたが、こっちもオーストラリア人の子供と付き合うのは初めてなので戸惑ってしまい、連れ合いに何かお菓子をやってくれと言った。連れ合いは戸棚を開けて菓子を出し、その子と、その子の弟にやった。するとありがとうを言うでもなく、ひったくるようにして菓子を取り、がつがつ食べはじめる。そして今度は飲み物をくれという。連れ合いが冷蔵庫から出してやると、馬のように飲む。

飲み食いが終わると家中を縦横無尽に駆け回り、散らかし回る。まあ、そのすさまじいこと。うちの子供たちは、隅の方で小さくなってそれを見ているだけ。私は小学二年生の子にそこまで傍若無人に振る舞われたことはないし、また小学二年の女の子がそこまで傍若無人に振る舞えるとも知らなかったので、ただただあっけにとられるだけだった。

しかし、呆れたり、あっけにとられるのはまだ早かった。その子は次の日から、弟と一緒にやってくると、もう勝手知ったる自分の家、といった案配に戸棚を勝手に開けて菓子を食べる。それも、うちの子供たちが大事にして滅多に食べないようにして取ってある日本のお菓子を食べてしまう。冷蔵庫を開けてジュースだろうが、牛乳だろうが、手当たり次第飲み散らかす。大事に飾ってあるものをおもちゃにする。家中のものをいじり回す。ひっくり返す。それを弟と二人でやるからたまらない。乱暴狼藉《ろうぜき》とはまさにそのこと。

人間、あまりに思いも寄らぬことに直面すると、どう対処してよいものやら分からないということを味わわされた。

今、その子の名前を思い出した。ケイトといった。

ケイトとその弟の二人の子供の振る舞いは、日本の子供には絶対にないものだった。盗賊が乗り込んできて、勝手気ままに略奪されたらこんな気持ちになるだろうかと思った。小学二年の女の子と、小学一年の男の子がそこまでするか、というくらいひどかった。

最初の二、三日は呆れるだけだったが、仏の顔も三度までとやら、私たちもついに腹を立てて、ケイトを家に入れなくした。それで被害は収まったが、その時味わった嫌な気持ちはこうして今も残っている。

ケイトとその弟を皮切りに、私たちは今までにオーストラリアの子供のたちの悪さを散々経験した。

それで分かったことは、こちらでは子供に甘い顔を最初から見せてはならないということだ。舐《な》めたことをしたら承知しないぞ、と最初に睨《にら》みを利かせておかなければならない。これが我々日本人にはとても難しい。

日本では、どこの子供であれ、大人は優しく親切にしてやるものだが、こちらでそんなことをしたら、たちまち舐められてしまう。日本では子供に接するのに、最初から禁止条項を設けることはない。何か子供が、いけないことや危ないことをしでかしそうになってから、それは駄目、やめなさい、などといって収める。

こちらでは逆だ。最初からすべてのものは禁止しておいて、中に我々にとって我慢できることがあれば、特別の恩寵《おんちょう》であることを十分に分からせて許可してやる。そして、してはいけないこと、大人が嫌だと思うことをしたら厳しい罰を加える。こうしなければ、とても収まりがつかない。

ケイトのことについて言えば、最初の日に私と連れ合いが甘い顔をしたのが悪かったのである。

ケイトにしてみれば、一押ししたら簡単に言うことを聞いた。それなら、もう一押しも二押しもしよう、ということだったのだろう。隣に越してきた家の子供たちについて言えば、これこそまさに、アングロ・サクソンの開拓者精神そのものではないだろうか。自分にとって未開拓の領域を見つけたらとにかく侵入してみる。そこに何か獲物があれば取る。妨げをする者がいれば実力を行使する。相手が引っ込めばそこは自分の領土になる。あの子供たちのやり方を見ていて、私はしみじみとアングロ・サクソンの精神構造が分かったような気がした。民族の精神構造は表面を取り繕う知恵が発達する前の子供に露骨に正直にでるものだからだ。

我々とオーストラリア人との違いは子供との付き合いだけにあるわけではない。大人との付き合いでも同じだ。

日本人のように相手の気持ちを忖度《そんたく》することがない。自分の主張と要求をどんどんぶつけてくる。日本人のように、相手の気持ちを測りながら、折り合いのつくところを見つけようという複雑なことはしない。

日本人は、相手が分かってくれるだろうと思って遠慮して、言いたいことを控える。ところが、オーストラリア人は、遠慮ということを知らないから、日本人が文句を言わないからには何も問題はないのだと思う。どんどん自分のしたいように振る舞う。ぎりぎりのところにきて、たまりかねて日本人が怒りを爆発させると、オーストラリア人は驚く。驚くだけでなく、怒り出す。今頃になって嫌だというのは汚い、と言う。

西洋の歴史は民族抗争の歴史である。一方、日本は幕末にペリーが浦賀に来るまでは、元寇《げんこう》の役を除いて他民族との抗争と交渉の歴史がない。自国の政治に大きな影響を与えるような他民族との抗争と交渉を持たずに二〇〇〇年過ごしてきた国は世界史の中でも特異な例だろう。日本の外交政策は情けないほど拙劣だが、その原因の一つはそこにある。

よくユダヤ人はしたたかだという。すると華僑《かきょう》はもっとしたたかだと言う人がいる。今度は別の人が、いや、インド人の方が遥かにしたたかだと言う。きりがない。

何のことはない、日本人がとろすぎるのであって、他の国の人間は皆したたかなのだ。島国の村社会で、二〇〇〇年暮らしてきた日本人にはそのようなしたたかさは身につかなかった。戦国の武将たちは結構したたかに見えるが、彼らの戦いは所詮《しょせん》は同じ民族どうしの戦いである。異民族が互いの民族の生き残りをかけた西洋や中近東での戦いとは厳しさが違う。

日常生活では非常に弱者に対する思いやりがあり、礼儀も正しいが、いったん利害に関わることとなったら遠慮、思いやり、他人の気持ちの忖度、そんなことをしていたら自分が殺されてしまう。そういう意識が潜在的に刷り込まれているのが西洋人だ。人生観が我々とは根本から違うのだ。

話が大袈裟《おおげさ》になったが、小学二年の女の子でさえ、どこまで押せるか押してみようと思うのが西洋の社会であると、私たちは学んだのだ。私は自分の子供たちに、同じように振る舞えとは言わないが、相手の行動の形と、思考の形をちゃんと理解してそれに対応できるようになってくれないと困ると真剣に思った。

移民社会が作り上げた風通しのよさ

それはともかく、ロカット・バレー・スクールでは、本当に親切にしてもらった。

校長のマックグラー先生は、私の子供たちの英語力では無理と思われる時間には、校長室に私の子供たちだけを呼んで、特別に英語の勉強をしてくれた。

それだけでなく、私の子供たち一人一人にそれぞれの面倒をみる係の生徒をつけてくれたのだ。

私の子供の係になった生徒は実に熱心に私の子供たちに様々なことを教え導いてくれた。全く右も左も分からない私の子供たちにとって、そんな親切な係の同級生がどれだけ助けになってくれたことか。学校全体で、私の子供たちを大事に扱ってくれた。今でも、その頃のことを思い出すと、ありがたさに頭が下がってしまう。

翻《ひるがえ》って考えるに、日本に東南アジアの国の家族が来たとして、その子供たちが日本の学校でそこまで親切にしてもらっているだろうか。残念ながら、私がよく耳にするのはそれと反対のことである。親切にしてもらって文句を言うのもおかしいが、私は非常に参った。これは、負けだな、と思わざるを得なかったからだ。

子供たちの英語の勉強は、学校で自然に学ぶ程度で間に合うものではない。日本の商社の駐在員の方に、素晴らしい女性を紹介していただいた。

エア・オランという、当時四十代半ばの女性で、もともとはエジプト人だったのだが、ナギブ、ナセル指導によるエジプト革命が起こって、当時王政側だった彼女の家族はエジプトから逃げ出さざるを得なくなり、彼女はフランス人のジャン・ピエール・オラン氏と結婚してオーストラリアに住み着いたという複雑な経歴を持っていた。

エジプトの政治的なことは分からないが、オランさんは明らかにエジプトの上流階級の出であるように思われた（だから、革命後エジプトを出なければならなかったのだろう）。大変に上品な女性であって、物腰も柔らかく、機知に富んでいるので子供たちもすっかりなついていて、おかげで、英語の勉強が大変によく進んだ。

オラン先生には、その後も長男長女は十二年生（日本の高校三年生）まで、ずっと英語を見てもらった。高校三年生の卒業試験で、満足な解答を書くための英語は、そこまでしてようやく身についたのである。

繰り返しになるが、本当に外国語を自由に使えるようになるのには、長い年月の努力が必要だ。どこかの英語学校に通ったら、三か月でアメリカに行って仕事の役に立った、等という英語学校の宣伝を見るたびに、私は世の中には凄い語学の天才が多くいるものだと感心する（そんなことがあるわけがない）。

オラン先生夫妻は、チャーチ・ポイントのすぐ前のスコットランド島に住んでいて、そのうちに夫婦でボートを作りはじめ、しまいにはそのボートを家にして暮らすようになった。いつか、そのボートでエジプトまで行くのが夢だと言っていた。この冒険心の凄さに私は参った。日本は海国だなどというが、ヨーロッパ人に比べれば、単に自分の港の周りをくるくる回っているだけのもので、外洋に本気で乗り出していく根性を持っている日本人はほんの僅かしかいなかった（もちろん江戸時代の鎖国政策の影響が大きかったが、ポルトガル人やスペイン人は日本が鎖国をするはるか以前の十五世紀から世界中の海に乗り出していたのである）。

オラン先生に限らず、日本にいては会う機会もないし、そのような境遇の人間がいることも想像がつかない人がオーストラリアに大勢移民して来ているのを見て、私は人と国の関係について深く考えるようになった。日本にいて、たまに外国に観光旅行に行くことでは到底摑《つか》めないことがある。

　この地球上の世界は日本でのんびりと暮らしていてはとても分からないことばかりだ。私の身の回りを見回すだけで、ユダヤ人、スロバキア人、イングランド人、スコットランド人、アイルランド人（よく日本人は、アイルランド、スコットランド、イングランドを大英帝国でひと括りにして、同じ人々のように思うが、これが大違いで、例えば、スコットランド人、アイルランド人はイングランドに対して対立的な意識を持っているのである）、チェコ人、ポーランド人、マレーシア人、中国人、韓国人、タイ人、レバノン人、セルビア人、イタリア人、ペルー人、インド人、デンマーク人など実に様々である。

　だから、日本へ帰って、右を見ても左を見ても皆同じ顔つきの人間ばかりだと、かえって不思議な感じがする。

　オーストラリアは移民国家で、最初にこの土地を占有したアングロ・サクソン以外は、それぞれに自分の国を離れて遠い南半球にまでやって来た理由を抱えている。大変な苦労をしてオーストラリアにたどり着いた人も少なくない。

　文化も違い、言葉も違い、肉体的な特徴も違う様々な人たちが寄り集まってオーストラリアという国をつくっている。

　私たち日本人は、単一民族による国家という幻想を抱いていて（日本人は単一民族なんかではないのだが）、自分と明らかに顔形の違う人間をなかなか日本人として認めようとしない。韓国人や中国人のように、我々と見た目の違いが分からない人たちに対してさえ、日本人ではないと言って、差別をする。

そういう日本から、いろいろな人種が入り交じってつくり上げた国に来ると、非常に風通しのよい感じがして気持ちがよい。

私は、オーストラリアに長い間住めば住むほど、ますます熱烈な愛国者になり、死んでも日本以外の国の国民になりたいとは思わないが、日本のぎっちりと固まった社会から離れてオーストラリアにいると楽な気分になることだけは確かなのだ。

オーストラリアも七五パーセント以上がアングロ・サクソンであり、社会の実権はアングロ・サクソンが握っているのだが、移民社会を運営するために公正（フェア）ということを大事にする。少しでも、人種偏見的なことを言ったりしたりすると、その人間は不公正（アン・フェア）な人間として、非常にまずい立場に追いやられる。さらにオーストラリア連邦全体として「反差別法」があり、厳しく運用されている。

一時、ポーリン・ハンソンという白人至上主義の実に乱暴な女性が、移民の禁止などを訴えて、「ワン・ネイション」という政党を作り、国会議員にもなったりした。やはり、白人至上主義は根強いものがあり、一時は勢力を伸ばすかに見えたが、さすがにオーストラリアの社会の良識がそのような勢力の存在を許さなかった。今や、「ワン・ネイション」は消滅したも同然である。

もちろん、個人的には様々な人種偏見を抱えているのだろうが、社会全体として、そういうものを排除していこうという、きちんとした態度があるのは素晴らしいことだ。私が先に書いた、移民局の女性のような人物は実にまれな存在なのである。

アジア人、日本人に対する差別意識

というところで、どうして私たち夫婦がシドニーの移民局で、思い出すだけで血が逆流するような目に遭ったのか、その理由を書かなければなるまい。

私たちがシドニーに越してきた翌年、一九八九年に、私たち自身まだこの土地に落ち着く余裕もないときに、私の連れ合いの甥の友希が、我が家の一員として合流したのである。

私の連れ合いには兄が一人いたが、その兄が、まだ一歳ちょっとの友希を残して三十一歳の若さで亡くなってしまった。

その後、兄の連れ合いは再婚したが、私の連れ合いの母にとっては、大事な孫であり、義母は私たちと暮らしているから、友希は何かあるごとに我が家に来ていた。我が家の一員になりきり、親分肌の性格なので私の子供たちには長兄のような態度で振る舞っていたし、子供たちも友希を実の兄のように好いていた。

私たち、特に連れ合いの母親にとって、友希は大事な存在だった。私の子供たち全員をオーストラリアに連れてきてしまうのに、友希を日本に残すのは、私たちにとって非常に気がかりなことだった。そこで、私たちがオーストラリアに来るにあたって、友希の母親と義父に、友希もオーストラリアに留学させたらどうかと勧めたのである。

その時、友希は日本の高校の一年生に在籍していた。

そこから問題が起こった。

私たちは、オーストラリアに来るに際して在日オーストラリア大使館が非常な好意を示してくれて、私は「オーストラリアに永住するつもりはないからそんなものはいらない」と言ったのに、「これがあると便利だからもらっておきなさい」と言って永住権のビザをくれた。

それで、私はビザというものについて非常に甘い考えを抱いてしまった。そんなものは、欲しいと言えば簡単にもらえるだろうと思ったのである。

ところが実情はそうではなかった。オーストラリア大使館が私に永住ビザを与えてくれたのは、私がそれまでに書いた随筆などを見せたからであって、その中にはオーストラリアについて非常に好意的に書いたものがあった。オーストラリア大使館としては、こういう人間は利用価値があると考えて永住ビザをくれたのだろうと、今にして思う。

二〇〇八年現在、日本人がオーストラリアの永住ビザを取るのは大変難しい。寿司や和食の料理人など、特殊な技能を持っていると比較的容易に取れるが、美術などの芸術を専門にしようと思うとこれは恐ろしく難しい。問題は、その人間がオーストラリアに対して（特に経済的に、または技術的に）貢献する度合いである。

私に永住ビザをくれたのは、私がオーストラリアを日本に宣伝してくれると踏んだからである。実際に私は、『美味しんぼ』などでさんざんオーストラリアの宣伝をしてきたのだが、オーストラリア政府は私に勲章も感謝状も寄越さない。実に不届き千万である。

この二十年間、私ほど日本でのオーストラリアの宣伝に力を尽くした人間はいないと私は自負している。私は、出版社から一切の援助も得ずに、日本からカメラマンを自費で呼び、オーストラリア人の助手を使ってオーストラリアのすべての州を取材してまわり、オーストラリアの素晴らしさを探って『美味しんぼ』に掲載した。『美味しんぼ』によって、オーストラリアについて初めて知ったという日本人は少なくない（こんなに自慢していいのかな）。私が紹介するまで、日本人のオーストラリアについての知識は、カンガルーとコアラとブーメランだけだったのだから。

私に永住ビザをくれたオーストラリア大使館のもくろみは大成功だ。

友希の場合は、オーストラリアの高校に入りたいというところが、私の場合とはだいぶ利害関係が違った。当時オーストラリア政府の方針としては、多額の授業料を支払う私立大学の学生についていては、留学生ビザを支給するが、オーストラリア人の税金で成り立つ公立高校に入りたいという学生についてては簡単には出さなかった（今は可能らしい）。

それは、今にして考えれば当たり前のことだと思う。例えば日本で、外国から留学を希望してくる学生を、日本の国公立高校に全く無制限に受け入れることはないだろう。どこの国でも同じことである。

しかし、当時の私たちは、そんな常識的なことを考える余裕はなかった。早くビザが下りないと友希の勉学予定が狂ってくる。

そこで、何度も移民局に足を運び、友希のビザはどうなっているか、尋ねたのである。

友希は留学生ビザを申請しなければならなくなったのだが、その手続きがよく分からない。それで移民局に行ったのだが、長い間行列を作って待たされた挙げ句、私たちは担当の女性係官に怒鳴られたのである。

私たちが事情を説明して友希のビザはどうなっているかと尋ねると、その女性係官はしまいまで聞かずに、「そんなことは学校に聞け」と怒鳴る。あまりの剣幕に私たちがうろたえていると、女性係官は「なにをぐずぐずしているのか、そんなところにいつまでも立っていたら後の人の邪魔だ、そこをどけ。場所を空けろ」とすさまじい形相で罵《ののし》る。普通の人間は、犬や猫にだって、あんなふうに乱暴に振る舞えるものではない。

私たちの後ろに並んでいるのも、左右の列に並んでいるのもアジア人ばかりで、しかも敢えて言うなら決して豊かには見えない人たちばかりだった。国境の検問の前に並ぶ難民の群れ、というとあまりに大袈裟だが、入国ビザを求めて並んでいる人間は、与える側から見れば、それに近く見えるのではないか。

自分の国に入りたがっている薄汚いアジア人の夫婦。ちびで貧相なうえに、英語もたどたどしいときては無教養に決まっている。こんな連中が入ってくるからオーストラリアの納税者は経済的な負担をしなければならなくなる。誇り高い白人文化が乱される。ああ、鬱陶《うっとう》しい。

それが、その時の女性係官の心の内だったのだろう。

連れ合いは別の日に、自分一人で出かけていって、やはりひどい目に遭って、今度は本当に泣いてしまったという。日本の入国管理官もひどいという評判だが、シドニーの移民局のひどさもかなりのものだと思う。

その移民局の女性係官の態度はどこからどう見ても、差別心に根ざしていた。今までに私たちが経験した最悪のものだった。私たちは差別を受けたことはないと言ったが、オーストラリアという国の根っこの部分にこのようなアジア人、日本人に対する差別意識があることは忘れるわけにはいかない。

私たちがあまり何度も同じことを聞きに来たので、移民局の係官の女性は苛立ったのだろう。

確かに、同じことを何度も聞きに行った私たちにも非があるかもしれないが、あの女性係官だけは許せない。あの女性は間違いなく、ろくでもない無残な人生を送っているだろう。

そんな、うんざりするような経緯をへて、友希は一九八九年から私たちと合流した。

私の連れ合いは、五人の子供の面倒をみることになった。

友希がうまい具合にシドニーに滞在できるようになってからも、通う学校の選定、ホームステイとして預かってもらう家の選定、そんなことが重なって、連れ合いの心労は甚だしかった。

英語を学ぶためには私の家にいたのでは日本語漬けで意味がない。どうしても、現地の家庭にホームステイしなければ英語力が付かないので、また日本の会社のシドニー駐在員の方のお力を借りて、クレランドさんというニュージーランド人の家にホームステイすることができた。

友希はクレランドさんの家から、公立のキララ・ハイスクールに一年弱通い、その後シドニーから車で四時間ほど離れたバサーストという町にある、全寮制の高校に入学した。バサーストは観光地で名高いブルー・マウンテンよりさらに奥に入ったところにある小さな田舎町である。田舎町らしい、非常に風情のある町並みで、勉強をするのにはよい環境だが、遊びたい盛りの高校生にとってはいろいろと不満はあったようである。

こうして我が家は総勢八人となった。一九八八年の五月から一九八九年いっぱい、私たちは、オーストラリアという、まるで日本とは環境の違う国に適応することに追われる無我夢中の一年半を過ごした。

そして一九九〇年から、私たちの生活は思わぬことから大きく変わることになった。

第二章

「遊んでばかりの学校」がある

不思議なめぐりあわせ

一九八九年十二月に長男長女がロカット・バレー・スクールを卒業した。そのあたりで日本に帰る手もあったが（今にして思えば、その時に日本へ帰っていればよかったと思わないでもない）、一年半いてようやくオーストラリアに慣れてきたところだし、もう少しいてみようということになった。

となると、長男長女のために中学校を探さなければならない。ロカット・バレー・スクールのマックグラー校長先生にもお世話になっていろいろと中学校を見て回って、長男長女とも家からそれほど離れていない男子校、女子校に入れることにした。

しかし、何か一つ私には釈然としないものがあった。それぞれに名声があり、よい学校ではあるのだが、はっきり言って私たちにとって魅力的な特色のある学校ではない。オーストラリアに来てまで、こんな学校に入れるのもつまらない気がした。

しかも、一番嫌だったのが、長男が入ることに決めた中学校の校長が、新入生の親子を相手に学校の説明をしたときに、「この学校は、ケイン・システムといって、悪いことをした子供には鞭《むち》打ちの刑罰を与える制度をとっている」と言ったことだ。ケインとは鞭のことである。鞭打ちといっても、手のひらを細い棒のような鞭で打つだけのことだというが、私は、体罰を与えると聞いただけで、激しい拒否感を覚えた。

私は、子供の教育に体罰を用いることに絶対に反対である。

私は一度、双子の長男と長女が喧嘩《けんか》をしたときに、二人を並べて立たせて、手首にいわゆる

「シッペ」の千分の一くらいのものをおしるし程度に与えたことがある。とても体罰とは言えないが、形式的には体罰であったわけで、今でも嫌な不快な記憶として残っている。

しかも、私としては些細《ささい》な体罰だと思っていたが、ずいぶん経ってから長男長女に聞いたら、顔を真っ赤にして泣かんばかりに言った。「とても痛かったよ。辛かったよ。お父さんに叩かれるなんて、それがとても辛かったよ」

それを聞いて私は、ああ、あの時、どうしてそんなことをしたのか、と十数年も経った後でひどく傷ついた。その傷は、今も私の心に残っている。たぶん終生癒えることはないだろう。自分にとって、自分の命より大事な子供に、暴力を加えるなんて。

そんなことを自分がしたことが理解できないし、許せない。その時をたった一度の例外として、私は子供を叩いたりできない。どうして、自分の命より大事なかけがえのない自分の宝物を叩いたりできようか。もったいなくて、とてもできない。

だから、その校長が、悪い子には体罰を加えると言ったとき、激しい反発を感じた。こんなことならオーストラリアに連れてくることはなかったと思った。私は自分で自分の子供を叩くのも嫌なのに、他の人間が私の子供を叩いたりすることは絶対に許せない。

日本の小学校にいたとき、私は長男に「先生が乱暴なことをしたりしないか。体罰を与えたりしないか。もし、先生がお前のことを叩いたりしたら、お父さんは木刀を持って学校に乗り込んで、その先生をぶちのめしてくれるからな。そんなことがあったら、絶対にお父さんに言うんだぞ」と厳しく言った。

長男は、私の言った言葉の意味が分かったのかどうか、目玉をくるくる回して「大丈夫だよ、お父さん」と言った。長男は、私が極めて暴力的であることにうんざりしていて、私が車の後ろの窓の下（人によってはぬいぐるみなどを並べるところ）に、暴走族と闘うときに備えて常に木刀を積んでいるのも知っていたから、そんな私を安心させるためにそう言ったのである。

しかし、息子が「紫斑病《しはんびょう》」という難病にかかったとき、見舞いに来た担任の教師は長男の苦しんでいる姿を前にして、その巨体を佇立《ちょりつ》させたまま涙をざんざんと溢れさせ、言葉もなかなか出なかった。そういう教師が体罰などするはずがない。人間味のある素晴らしい教師だった。

最初ロカット・バレー・スクールに入れるときには、受け入れてくれるだけでありがたいと思ったものだが、慣れてくると欲が出てくる。こんな学校ではつまらないと思った。

もともと、私がオーストラリアに来たのは、日本の教育制度から子供たちをひっぺがすためで、いったんひっぺがしさえすればそれで目的は達する。オーストラリアの学校教育に期待していたわけではない。

だから、なにも、気に入らない学校に入れることはない。それなら、そろそろ、潮時だから日本へ帰ろうか、と連れ合いとも話し合った。

そんな不満を私は、シドニーで出会い、そのまま今日に至るまで生涯の親友となった西村安生さんに話した。彼は、私より十二歳年下で実に元気はつらつ、明朗闊達《かったつ》、正義感の固まり、好奇心が人一倍強く、そのうえ私のような偏屈な人間も上手にあやしてくれる優しい心を持った類《たぐい》まれな人物で、先日も私が日本へ行ったときには、浅草の並木で蕎麦《そば》を食べ、そのまま浅草演芸場で落語・漫才・音曲などの東京の寄席の楽しみを満喫させてくれ、夕食にはかねてから彼が目をつけていた料理屋に案内してくれ、夜にはジャズの生演奏のクラブに連れていってくれるという非の打ちどころのない遊びで私を楽しませてくれた。

当時、西村さんは三井系列の航空貨物運送会社のペーペーの現地駐在員だったが、今は、三井系列の航空・海運業をまとめた会社の取締役にまで出世している。

その西村さんの会社は、当時ドイツの会社と提携関係を結んでいた。

で、私が、長男長女の中学校問題を話したところ、西村さんは突然、「実は、私の会社と提携しているドイツの会社の社長なんですが、自分の子供を、変わった学校に通わせているんですよ」と言う。

「へえ、変わっているって、どういうふうに変わっているの」と尋ねると、彼は首をかしげて、「何でも、シュタイナー教育とかいう、ちょっと常識外れで、遊んでばっかりの学校らしいですよ」と言った。

その「シュタイナー教育」という言葉を聞いて、私は雷に打たれたような気がした。

愛読書『ミュンヘンの小学生』

実は、私たちが結婚をして二、三年経ったころ、子安美知子さんの書いた『ミュンヘンの小学生』という本が話題になり、私たち夫婦も買って読んだ。これは、現在早稲田大学名誉教授の子安美知子さんがご自分のお嬢さんをミュンヘンのシュタイナー・スクールに入れて教育を受けさせた体験を本にまとめたもので、そこに描かれているシュタイナー・スクールこそ、私が子供の頃に読んで憧《あこが》れた『飛ぶ教室』の学校を思い浮かばせるものだった。

私が、子安美知子さんの『ミュンヘンの小学生』を読んで感動したのは、ミュンヘンのシュタイナー・スクールの教育方針が、当時の日本の学校の詰め込み勉強主義とはまるで違って、子供の心を豊かにすることに重点を置いていたところだ。

まず教師たちの態度が違う。毎朝登校してくる生徒たち一人一人と握手を交わし挨拶《あいさつ》をする。これは、単純なことのようだが非常に大きな意味を持つ。手を握りあい、顔を見つめあうことで、その生徒のその日の心身の状態がある程度読める。教師は自分の担当の学級の生徒たち一人一人のことを熟知している。

日本の教師で、自分の担当の学級の生徒たちとそこまできちんとした関係を作っている教師がいるだろうか。私の場合、小中高を通じてそのような教師に出会ったことがない。

そもそもシュタイナーが設立したバルドルフ（Waldorf）学校は子供の内的生命と自発性を尊重することに基礎を置いており、日本の学校のように勉強を上から叩き込み教え込む、というのとは基本が違う。

一つの思想に子供たちを染めてしまう考え方の対極にある教育方針である。子供たち一人一人の個性を尊重し、その子供たち自身の持つ内的な要求に合わせて、精一杯成長するように手助けをするが、あらかじめ決められた方針や型にはめることはしない。

シュタイナー・スクールでは心を豊かにすることを第一に考えているから、音楽、絵画、演劇、踊りなどを大事にする。同時に、子供の個性を尊重してその個性を育成することに重きを置く。私が、『ミュンヘンの小学生』を読んで震えるような感動を覚えたのは、そこのところだ。受験勉強一本槍、人間として本当の意味ある学問とは無縁の受験技術を詰め込む日本の教育制度とはまるで違う。

人間の真の価値を摑むための教育。

頭でっかちで、心のやせ細った人間を作る日本の教育とは対極にある教育。

教師と生徒たちの熱い心のつながり。

私と連れ合いは、子安美知子さんの本を読んで、「私たちも子供を持ったら、こんな学校に入れたいものだ」と何度も言い合った。

しかし、日本には一九八〇年代に、シュタイナー・スクールは存在せず、私たちにとっては夢のまた夢という存在で、いざ子供たちが就学時になると、仕方なく地域の小学校に入れるしかなかった（その頃から、豊かな人生を送るためには、私立のよい小学校に入れて、そのまま大学まで無試験で行くのが一番、と言われていたが、私は、幼稚園児の子供たちを、その受験体制に乗せたら終わりだと思っていた。子供を、小学校どころか、幼稚園の頃から予備校に通わせたり、面接の技術を覚えさせるための塾に通わせるなどということは、考えるだけで吐き気のすることだった）。

仕方なくとは書いたが、私の子供たちを入れた小学校は大変によい小学校で、いまだに長男、長女、次女はその小学校を懐かしむ。先生方もみんな素晴らしい方たちだった。

実はこの小学校には、ちょっとした私自身の因縁話がある。大学生の時に、当時東京に住んでいた私は、友人と一緒に横浜から京浜急行の電車に乗り、馬堀海岸で降りて、そこからてくてくと三浦半島を海岸沿いに歩いた。昔は私も脚が丈夫で歩くことが好きだったのだ。ずいぶん歩いて秋谷の近くに来たときに、小さな小学校を発見した。こぢんまりとして、建物は古いが味わいがある。私は昔から小学校の教師になりたいという思いも抱いていて、その小学校の何とも言えないたたずまいに魅せられた。こんな学校の教師になりたいと思った。

ところが、子供たちを小学校に入れる段になって、その小学校に行って驚いた。私が大学の時にたまたま通りかかってそのたたずまいに魅せられた小学校ではないか。何という偶然か。私は、えらく感激してしまった。

そういうことがあるせいか、私自身その小学校にいまだに思いが残っている。よい小学校だった。ああいう小学校に通えた私の子供たちは幸せだった。

それなのに、私は子供たちをその小学校から引き離したのだ。

校長が存在しない学校

昔からシュタイナー・スクールに憧れている私たちだったから、西村さんの言葉に強烈に反応した。

「シュタイナー・スクールがシドニーにあるそうだよ」

「まあ、本当かしら」

私たち夫婦は浮き立った。

西村さんは、責任感の強い人だから、すぐにそのドイツ人の社長に問い合わせた。

すると、間違いなくシュタイナー・スクールであるという。

私は先ほどからシュタイナー・スクールと気楽に言っているが、きちんとシュタイナー教育をすることで、シュタイナー・スクールと名乗るには、ドイツの本部から認定を受けなければならない。自分たちは、シュタイナーの意思に添った教育をしているからシュタイナー・スクールだと言っている学校もあるそうだが、事大主義で言うのではなく、やはり、きちんとしたシュタイナー教育をしているという保証が私としては欲しかった。

その点、西村さんの紹介してくださった学校、グレネオン・スクールは、シュタイナー学校のオーストラリアの組織に属する、れっきとしたシュタイナー・スクールであることが判明した。

さあ、私と連れ合いは色めき立った。あれほど憧れてきた、シュタイナー・スクールにうちの子供たちを入れることができるかもしれないのだ。

西村さんのお手を煩わせて、そのドイツ人の社長に連絡を取ってもらい、グレネオンと話し合う機会を持つことができた。

実に日本人としては奇怪に感じるのだが、グレネオンには、校長という人間が存在しない。教師たちの間で選ばれた数人の人間が委員として、ある期間学校を管理する事務的な仕事を行うのである。だから、「今の委員は誰かしら」などという話も起きてくる。

日本のように校長が支配者として学校に君臨するのではないのである。

そのような校長制度がグレネオンにはないから、教員の間に上下の関係がない。

教員同士が（これは、オーストラリアでは普通のことだが）ファーストネームで呼び合う。日本の学校のように、なになに先生と教師同士で呼び合うことはない。

その当時、校長役を務めていたのは、四年生の担当をしていたハットン氏だった。極めて柔和で、およそ人生で他人に悪意を抱いたことなどないのではないかと思わせるような人柄だった。

私と連れ合いはハットン氏に会って、私たちのシュタイナー・スクールに対して長い間抱いていた憧れも述べて、どうしても私の子供たちをグレネオンに入れたいからお願いする、と言った。

ハットン氏は私たちの話を聞いて非常に喜んだが、彼が困惑したのが、彼の担当する四年生の学級だった（その時グレネオンは小さな学校で、一学年一学級だった）。四年生は既に満員であり、大勢の入学希望者が空席ができるのを待っている。私の子供たちの中で、四年生に当たるのが、次女である。次女の学級は満員で入る余地がないというのである。

こういう時に、他の人はどうするのだろう。

私は、押しの一手である。

私には四人の子供がいる。一番下は今度幼稚園に入る。幼稚園の子供まで、グレネオンの幼稚園に入れる。四人全員をグレネオンに入れると言っているんだ。次女が一人だけのけ者にされたら、我が家の教育はどうなる。さあ、ハットンさん、どうしてくれる。

ハットン氏は困りきっていたが、私の押しに負けた。順番を通り越して次女もグレネオンに受け入れましょう、と言った。

ありがとうございました、ハットンさん。

結果的に、長男と長女は、ロカット・バレー・スクールのマックグラー校長が推薦してくれて入学が決まっていた男子校、女子校を取り消し、次女も四年生に進級するところだったロカット・バレー・スクールをやめ、次男も決まっていたロカット・バレー・スクールの幼稚園を取り消し、全員グレネオンに入れてしまった。親切にいろいろ骨を折ってくれた、マックグラー校長には全く恩知らずなことをしてしまった。子供の教育のことになると自分勝手になってしまい、誠にいけないことだと反省しているが、どうにもこうにも仕方がなかったのだ。

こうして、一九九〇年の二月の新学期から、長男長女はグレネオンの七年生（日本で言えば中学一年生）、次女は四年生、次男は幼稚園と、全員そろってグレネオンに通うことになった。

シュタイナーとは何者なのか

ここで、グレネオンについて語っておきたい。正式名は、Glenaeon Rudolf Steiner School（グレネオン・ルドルフ・シュタイナー・スクール）という。

さて、このあたりで、ルドルフ・シュタイナーとはどんな人物か、シュタイナー教育とはどんなものなのか、簡単な説明をしておこうと思う。

シュタイナー・スクールの創始者ルドルフ・シュタイナーは、小学館の百科辞典「スーパー・ニッポニカ」を見ると、

Rudolf Steiner（一八六一～一九二五）

ドイツの哲学者、教育思想家。ウィーン工科大学、ウィーン大学で哲学、心理学、医学などを学んだ。またワイマールでゲーテを研究（一八九〇～九七）し、自然科学的思考法と精神的直観の統合を追究、主著『自由の哲学』（一八九四）を生むことになった。一九〇二年以来「人智学《じんち》」Anthroposophie を唱えた。その後、ドナハウに精神科学教授のためゲーテアーヌ（研究・教育機関）を設立し、さらに、シュトゥットガルトにバルドルフ煙草《たばこ》工場の付属学校として、子供の内的生命と自発性を尊重した最初のバルドルフ学校を設立した（一九一九）。教育上の主著としては『精神科学の立場から見た子どもの教育』（一九〇七）、『教育の基礎としての一般人間学』（一九一九）があげられる。今日、自由バルドルフ学校は世界各地に一〇〇校以上を数えるに至

っている。

とある。これだけでは、シュタイナーの思想がどんなものなのか、シュタイナー教育とはどういうものかまるで分からない。

私たちは全くいい加減な親で、子安美知子さんのお書きになったシュタイナー・スクールの本を読んだだけで、シュタイナー・スクールに憧れてしまったのだ。氏の『ミュンヘンの小学生』『私とシュタイナー教育』『シュタイナー教育を考える』の三つの著書を読んで私が理解したシュタイナー教育とは、先ほど書いたものをまとめると、
●主知主義ではない。要するに、勉強一辺倒ではない。教科書の内容を叩き込み、暗記させ、その成果を競う学力主義の教育ではない（日本の教育はまさにその学力主義である）。
●子供の内に秘められたものを引きだし、育てる。頭ではなく心の教育を第一にすることで、豊かな心を持つように育てる。
●踊りとも体操ともつかない、不思議な動きの「ユーリズミー」という独特のものを通じて、肉体感覚を摑んでいく。
●芸術的感性と創造力を養うことに重きを置く。
●教師と子供たちが親密な関係を築き上げること。教師と子供たちはともに思いやりのある親しい関係になる。
などであった。

実際に子安美知子さんのお嬢さんのミュンヘンのシュタイナー・スクールでの体験記もあって、私たちは感動した。私自身が体験して、こんな中学高校時代を送らなければならないとした

ら二度と生まれてきたくないと、私自身の存在のすべてを賭けて否定したい教育の正反対にあるもので、これこそ私が求めてきた教育だと思ったのである。

しかし、子供たちを実際にグレネオンに入れてから、さすがにのんきな私も、ルドルフ・シュタイナーの思想をきちんと知らなければならないと考え、大量にシュタイナー白身の書いた本や、シュタイナーの思想の解説書を手に入れて読みはじめた。

シュタイナーの神秘哲学は無視しよう

シュタイナーの『神智学』『神秘学概論』『自由の哲学』『人智学・神秘主義・仏教』『霊学の観点からの子供の教育』さらに、ヨハネス・ヘムレーベンとアンドレイ・ベールィの『シュタイナー入門』（川合増太郎・定方昭夫・鈴木晶訳）などを最初に読んだときの私の気持ちを何と言ったらよいのか。

一言でいえば、「大いなる困惑」ということに尽きる。

シュタイナーの思想はとても私には理解できないものだった。

シュタイナー自身、子供の頃からカトリックの思想に完全に包み込まれていて、基本はキリスト教である。しかも彼の思想は霊について云々《うんぬん》する。

彼自身の学を「霊学」ともいう。

ただ、その霊は、現在日本でテレビや霊感商法などで盛んに煽《あお》られている、スピリチュアリズム、背後霊、自縛霊、祖先の霊が祟《たた》る、などといういかがわしく忌まわしい霊ではない。

しかし、いずれにしても、私には理解することも、受け入れることも難しい。

誤解のないように断っておくが、私が理解できず受け入れることができないというのは、シュタイナーの説がカルトのような、危険でいかがわしいという意味ではない。

私は、キリスト教、イスラム教、ユダヤ教、仏教など、すべての宗教を信ずることができない。宗教というものを理解することも、受け入れることもできない。

それと同じ次元で、シュタイナーの思想を理解できないと言っているのだ。

私はシュタイナーの思想の本質を知ってたじろいだが、その教育論にはうなずけるところも多いし、というより、全体として非常によい教育方法だと思ったので、連れ合いと話し合った。

「シュタイナーの神秘哲学は無視しよう。だが、子供たちから学校の話をよく聞いて、少しでも、神秘がかったことを教えるようだったらグレネオンをやめさせよう」というのが我々の結論だった。

シュタイナーの思想の基本に合意できないのに、その教育方針だけ受け入れるのはおかしい、という意見が起こってくるかもしれないが、それは違う。

私がシュタイナーの思想で理解ができない部分は、霊魂の不滅などという宗教的な部分であって、子供がどのような段階を追って精神的に成長していくか、精神と肉体の成長に応じてどのような教育を与えるべきか、などという点については、共感するところが多いのである。

私と連れ合いが求めた教育方針は、

●他人に対して思いやりのある、愛情に満ちた豊かな心の持ち主に育てたい。

●音楽、美術、文学など、芸術に対する感性を持ち、創造力豊かな人間に育てたい。

●勉強に興味を持って、勉強する気持ちをいつまでも持ちつづける人間に育てたい。

●闘いではなく、平和な話し合いで物事を決める人間に育てたい。

ということであって、シュタイナー・スクールでそれが満たされているようであることは、子安美知子さんの本で納得していたし、実際に子供たちの受けるグレネオンの教育で、それを確認した。

シュタイナーは「知性だけでは自然を頭で理解することになるが、芸術的な感性は自然を直接体験させてくれる。知性を育てられた子どもは知的理解力を発達させる。しかし、芸術に導かれた子どもは『創造力』を発達させる。知的『理解力』を行使する人はそのつど自分を消耗させるが、『創造力』を行使する人は何かを達成するたびに大きくなる」と言っている。

私は、創造的な力を持つ人間に自分の子供を育てたかったのだ。

私自身について言うなら、優れた音楽、優れた美術作品、優れた文学作品、そのようなものに出会うたびに、深く狂おしいばかりの感動に捉《とら》えられて身動きできなくなる。私はこのような芸術的な感動に魂が震える経験をしたときに、人間は、それ以前より一歩深く進んで人生を理解することができるのだと思う。

そして、そのような芸術的な感性を養うことで、いかなる職業に就くにせよ、新しいものを作り上げる創造力を身につけることができると思っている。科学の世界でも、経済の世界でも、政治の世界でも、一番必要とされるのは創造力だ。

さらに、大切なことは、グレネオンでは宗教的な教育は一切しない決まりになっていることだ。シュタイナー自身、宗教教育は大事だと言っているし、シュタイナーが設立したバルドルフ学校では、宗教の時間がある。しかし、グレネオンでは宗教教育をしない。

その理由について、グレネオンで教えている人間の一人は次のように語ってくれた。

「グレネオンはシュタイナーの思想のもとに成り立っている学校だから、当然のことながらキリスト教の思想を根底に据えている。

しかし、教義は教えない。なぜなら、一つの教義を与えて縛ることは生徒の個性、個々の人格を縛り、制限することになるからだ。

我々はこの世を取り巻く自然界すべてに精神性、聖性が溢れていると思う。

子供たちが、その精神性、聖性を抱くような配慮はすべての教科に行き届いている」

なるほど、と私は納得した。

私も、かさかさに乾いた唯物論者はきらいだ。大自然に接しているときに、また、自分の子供が生まれたときに、生命というものの不思議さに打たれる。

第一、自分の心そのものが、唯物論では説明がつかない。

私はどんなものにも精神性を感じることは大事なことだと思う。

しかし、それと宗教を信じることとは私にとって完全に別物である。

私はすべての宗教、なかんずく、創造主の前に跪《ひざまず》く一神教はとてものことに受け入れられない。

うっかりキリスト教系の私立学校に入れたら、礼拝をして「神と子と聖霊の御名において」などと毎日言わされることになる。それに比べれば、遥かに安心できる。

それでも、グレネオンでも、毎朝両手を胸に当てて神に感謝をすることから始める。

ある生徒が教師に「グレネオンでは神様なんて教えないのに、どうして神様なんて言うのだ」と文句を言ったら、教師は「これは、何か特別の神様のことではない。自然全体に溢れている精神のことだ。宗教を信じている人は、自分の神様と考えても構わない」と答えた、と長女が話してくれた。

まあ、この程度なら許容範囲内だ。

実際に、四人の子供をすべて通わせたが、霊がどうだのこうだの、ということは先生たちの誰からも聞かされたことがない、というのが子供たちからの報告だった。

一つだけ変わったことがあったとすれば、それは「冬至のフェスティバル」の催し物の一環として、講堂の中の光を消して真っ暗にし、それぞれローソクに火をつけて持ち、全員が円を作ってぐるぐる歩くことだったそうだ。その時に、教師は「心の深いところまで瞑想《めいそう》しなさい」と言っただけで、霊だの神秘だのそんなことは言わなかった。しかし、心が落ち着いて気持ちがよかったと次男は言った。

そんな訳で、私の心配していたような神秘思想をつぎ込まれたりすることもなく、私の期待していた、心を豊かにする教育をたっぷり受けさせてもらって、私たち夫婦も、四人の子供たちもグレネオンの教育には非常に満足している。

（ところで、最近、ヨーロッパを中心にして、シュタイナー・スクールに対する批判が高まっている。オーストラリアでも、子供をシュタイナー・スクールに入れた親が、シュタイナー・スクールでは霊だの魂だのとカルト的なことを教えられた、と騒ぎだし、その風評が広まってオーストラリア各地のシュタイナー・スクールが被害を受けている。

この「子育て記」はシュタイナーの思想を説くものではないし、第一私自身、シュタイナーの神秘思想は理解できないが、子供たちにシュタイナー教育を受けさせた手前、シュタイナーについて語らざるを得ないだろう。別に章をもうけ、シュタイナーについて語ることにする。）

いったいどんな学校なのか

話を本筋に戻そう。

そういう訳で、一九九〇年の二月の新学期から、私の四人の子供たちは、グレネオンに通うことになった。一番末の次男もグレネオンの幼稚園に入ったのである。

グレネオンはシドニーのハーバーブリッジを渡って十分少々のところのミドル・コーブにある。周りは住宅街である。そこに場違いな感じで校門がある。校門をくぐると、どうしてここにこんな土地があったのかと驚くほど広い敷地がある（口絵1頁）。

グレネオンの歴史についてちょっと話さなければならないだろう（ここからは、グレネオンの歴史を語る部分なので退屈だったら読み飛ばしてください）。

そもそも一九三〇年代に、現在私たち家族が住んでいるキャッスルクラグ（シドニー中心部から、ハーバーブリッジを渡って車で七分ほど北に位置する、海岸を見晴らせる美しい土地である）にいわゆるボヘミアンと称される人たちの共同体があった。バーレイ・グリフィンという著名な建築家もその一員だった（日本では知られていないが、オーストラリアでは有名で、グリフィンの建築物は歴史的な価値のあるものとして保存され、彼の建築物が多く残るキャッスルクラグではグリフィンの建築物を見学して回るツアーが毎週持たれるほどである）。

ボヘミアンとはもともとボヘミアの住民のことで、俗世間の掟に従わず、自由に芸術家的な生き方をする人のことをいう。

その中にエリック・ニコルスとメイ・ニコルスという夫婦がいた。彼らはシュタイナーの思想に共鳴して、シュタイナー・スクールをオーストラリアに作りたいと、運動を進めていた。

そして、一九五七年、オーストラリアの教職員としての資格も持ち、イギリスのシュタイナー・スクールで、シュタイナー教育を学んできたシルビア・ブローズが参加して、たった三人の幼稚園生の「シュタイナー・バルドルフ・スクール」が立ち上げられた。

その後、小売業で財をなしたアイバー・クロフォード・マックダウェルが、ミドル・コーブの土地を寄付してくれて、現在のグレネオンが出来上がった。

グレネオンという名前は、マックダウェルが持っていた家の名前を取ったものである。現在まで学校の名前にグレネオンとついているのは、マックダウェルの恩義を忘れないためだろう（オーストラリアでは、イギリスの伝統に従って、それぞれの家が名前を持っている。私たちが住んでいる今のキャッスルクラグの家にはなんと「アントワネット」という名前がついていることを最近知って驚いた。ギロチンで殺された女王の名前の家に住んでいるとは、どうも、穏やかではないが、妙にマリー・アントワネットに親近感を抱いてしまった）。

創立者のエリック・ニコルスは一九六五年に亡くなるまで精力的にグレネオンのために尽くした。共同創立者であるシルビア・ブローズは二〇〇一年に亡くなるまでグレネオンの精神的指導者として重きをなしていた。

グレネオンの敷地は四・五ヘクタール（約一万三千坪）、というと広大に思えるが、校門から入ると一番下の校庭までかなり厳しい下り斜面になっていて使い勝手が悪い。

私の子供たちが入学した当時は、校門を入ってすぐに幼稚園があり、かなり急な坂を下っていくと、事務所と職員室、さらに降りていくと学年ごとの教室が並んでいる。一番下の校庭の脇《わき》に、シルビア・ブローズの名前を冠したホールがある。そのホールで、学芸会や卒業式などの集会が持たれるのである。

建物はすべて極めて質素であり、うちの子供たちが入って数年後に始まった校庭などの改築作業の間、いくつかの学年はプレハブ校舎で何年か過ごさなければならなかった。

私の子供たちが入学したときには、一学年一学級で、その後に、生徒数が増えて二学級になった学年もあったが、基本的に小さな学校である。

数年前に、それでは手狭になったというので、ミドル・コーブから、車で三分ほどの距離、キャッスルクラグの私の家の近くに、幼稚園と小学校低学年の校舎を新たに作り、幼稚園生と低学年の小学生は、キャッスルクラグの教室に通うことになった。

さて、これからお話しするグレネオンの教育方法は、シュタイナーの教育論にのっとったもので、オーストラリアでも風変わりな学校とされていて、私たちの子供の受けた教育がオーストラリアの一般的な教育とは違うことをお断りしておかなければならない。

この本を読んで、オーストラリアの教育とはこんなものだとは思わないでいただきたいのだ。

日本では小学校一年生から六年生、中学校が三年生まで、高校が三年生まで、と分かれているが、オーストラリアでは、小学校一年生から高校三年生までを、一年生から十二年生と通して数える。日本では中学三年生、オーストラリア風に言えば九年生までで義務教育が終わるが、オーストラリアでは十年生までが義務教育とされている。

実際に私たちの子供の同級生の中にも十年生を終わったところで卒業した生徒が何人かいたが、今では立派に働いている。オーストラリアは日本や韓国のように学歴によって人間を評価することはないので、気楽に暮らすことができる。もちろん、学歴が必要な分野も多くあるが、大学を、それも有名大学を卒業していないと世間的に低く見られるなどということはない。大学卒の女性が高卒の男性と結婚するなどということは、日本では珍しいだろうが、オーストラリアでは普通のことである。大学は勉強をしたい人間が行けばよいのであって、箔《はく》を付けるために行くところではないのである。

そんな訳で、オーストラリアでは十一年生と十二年生が高校ということになる。

オーストラリアの大学はほとんどが州立か国立で、各大学ごとの入学試験はない。その代わり、高校を卒業するときに、高校卒業資格試験を全員受けるが、その時の点数によって入学できる大学の学部が決まる。人気のある学科に入るためには卒業資格試験で高い点数を取らなければならない。

それまでは、試験や試験の成績などにこだわらないグレネオンの生徒たちも、十二年生になると高校卒業資格試験のために目の色を変える。

シュタイナーの教育方針の一つに、「勉強に対する意欲を起こさせ、死ぬまで勉強する気持ちを養う」というのがあるが、グレネオンの生徒たちは実に見事なもので、それまで他の学校から「ただ、遊んでばかりいる学校」などと思われているのに、その気になるとよい成績を挙げる。勉強に対する意欲はちゃんと養成されているし、その基礎もきちんとできているのである。シドニーの新聞に、規模が小さいのに、卒業資格試験で好成績を挙げる学校として紹介されたこともある。二〇〇七年度の高校卒業資格試験では、五人に一人の割合で九十点以上を取り、中の一人は州から表彰を受けた。

「メインレッスン」という制度

グレネオンに限らず、すべてのシュタイナー・スクールで極めて特徴的なのは、「メインレッスン」という制度だ。

これは、年ごとに計画が立ててあって、この年のこの学期はこの科目をメインレッスンとして勉強すると決まっている。

メインレッスンは一つの主題ごとに三週間続く。一年生から十年生までは、午前中の百二十分、十一年生、十二年生は九十分使って行われる。その内容は、芸術、科学、そして歴史・語学・哲学などの人文科学など万遍なく組み込まれている。

例えば、古代の歴史ならそればかり、算数ならそればかり、三週間ぶっ続けでメインレッスンとしての授業が続くのである。

午後には、他の教科も学ぶが、その教科もメインレッスンのテーマに合った内容が選ばれることもある。とにかくメインレッスンが一番重要であり、これが、シュタイナー・スクールの教育の肝である。

メインレッスンに教科書はなく、教師による体験的な授業を受け、学んだ内容を白紙の画用紙でできたノートブックに自分で書いていく。絵も描く。一つのメインレッスンが終わると、その科目のメインレッスン・ブックが出来上がる。言い換えれば、メインレッスンが終わると生徒それぞれの自分自身の教科書が出来上がるわけだ。

低学年のうちは幼稚なメインレッスン・ブックしかできないが、学年が上がるにつれて生徒一人一人が、それぞれに想を凝らして、各ページに飾りを入れたり、挿入する絵に手をかけたり、個性を発揮したメインレッスン・ブックを仕上げる。同じメインレッスンを受けても、生徒によって出来上がるメインレッスン・ブックがそれぞれ異なる。

そんなところにも、創造力を養う配慮が行き届いている。グレネオンの生徒たちは、自分のメインレッスン・ブックを大事にしていて、私の子供たちも、すべてを箱に入れて保存している。

メインレッスンは、十二年生まで続くこともあるが、ほとんどの生徒は十一年生までで、十二年生になると高校卒業資格試験の準備に入る。一年生から八年生までは、クラス・ティーチャーが教える（ただし、科学はクラス・ティーチャーでないこともある）。九年生からは、科目ごとに違う先生が教える。

ほとんどの生徒は十一年生でメインレッスンを終える。その十一年生のメインレッスンの最後は、ドイツのエッシェンバッハの書いた「パルシヴァル」を読むことで仕上げる決まりになっている。「パルシヴァル（オーストラリアではパーシヴァル）」は、アーサー王の騎士の一人であるパルシヴァルが、聖杯を求めて旅をする話で、もともと非常にキリスト教色の濃厚な話であるが、次男によると、キリスト教的な意味合いより、一人の少年が人間として成長していく過程が強調されて、宗教的な感じはしなかったという。

長女の作った「パルシヴァル」のメインレッスン・ブックは字体も大変に凝って、ページの縁取りや挿し絵なども美しく、ノートも特に表紙の厚い特別製の装丁のものを選んだので、まるで、美術の作品のように見える（これは、第五章で紹介する）。

メインレッスンの仕方も、工夫してある。理科にしろ、歴史にしろ、メインレッスンは、三日単位で進む。

最初の日に、まず、体験。理科なら実験、歴史なら学ぶ対象とする時代の物語を読む。

二日目に、最初の日に何を体験したか思い出して、その体験の深い意味などを、生徒・教師の質問の形で進める。

三日目に、生徒と教師の討議を通してさらに深い理解をして、生徒はそれをまとめる。

例えば、理科で、燃焼の実験をするとしよう。

大きなビーカーの中にローソクを立て、ローソクの最上部ぎりぎりに水を入れて火をつけ、その上に小さなビーカーをかぶせる。

すると、上にかぶせた小さなビーカーの中の酸素が燃焼に用いられて、しまいに酸素不足でローソクの火が消える。酸素が減った分、水面も上昇する。

最初の日は、この実験の材料と道具の準備、実験の実行、実験の後片づけ、実験の過程の説明、何を見たか、何を聞いたかだけを知る。

それで終わる。

次の日に、前の日の実験を振り返る。何が起こったか、どういうことが起こったか、説明が始まる。教師が生徒たちに問いかけ、質疑応答、討議の形で、実験の深い意味をつかみ取る。

三日目に、生徒たちがノートブックに実験の記録をとり、意味を書く。

歴史でも、低学年に教えるときには、親しみやすいように、物語形式で教える。例えば、歴史でオーストラリアに西洋文化が持ち込まれたことを学ぶ場合、オーストラリアを最初に侵略したクック船長の船に乗っていたビリーならビリーという少年の体験として語られる。

第一日目に、クック船長の船に乗ってオーストラリアにやってきたビリーの目を通してクック船長たちが何をしたのか語られる。単に歴史を叙述するのではなく、ビリーという少年の物語として語られるから、低学年の生徒たちにも取っつきやすい。

二日目に、教師が、昨日ビリーはどんなことをしたか、どんなことを見たか、例えば原住民のアボリジニとどんな関わりを持ったかというような形で生徒たちに問いかけ、第一日目の話を確かめる。

三日目に、生徒たちは、最初の日に聞いた話をまとめて書いたり、それをもとにして、自分の頭に浮かんだ絵をノートブックに描く。この絵を描くというのが、創造力を常に大事にするシュタイナー教育の独特のところである。

このように、一つの課題を三日かけて徹底的に学ぶから、ざっと流すのとは違って理解が深くなる。

なぜ集中的に教えるのか

では、なぜシュタイナー・スクールでは、主要な科目はこのような集中的な授業の形で行うのか。

それは、通常行われている一時間ごとの細切れの授業（実際には休み時間を入れるから五十分以下）は、子供の気持ちをかき乱し、勉強したいという意欲を低下させるからだとシュタイナーは考えるからだ。

子供は活発な活動性をもっているから、外部の様々な事柄について学びたい、前進したいという感情を持つ。この子供の心の中に湧《わ》いてくる感情は学校の授業で育まれ満たされなくてはならない。例えば、先に書いた歴史の授業を例にとれば、最初の一時間目に歴史の授業を受けるとさらにもっとその先を知りたいという感情が高まる。その感情は、次の二時間目も歴史の授業が続けて行われれば満たされる。

ところが、細切れ授業で、二時間目は算数、ということになると、せっかく最初の一時間目で高まった「その先を学びたい」という感情が中断され、次の算数には身が入らなくなる。最初の時間に算数、次の時間に歴史の授業をしても同じことである。細切れの授業は、その先をさらに学びたいという感情を中断させると、シュタイナーは考える。

しかも、一つの科目を二時間集中的に学ぶことで、子供たちは一つのことに集中する力を育まれる。細切れの授業ではその集中力が養われない。

シュタイナーは細切れの授業では子供の集中力は甚だしく破壊される、また、この集中授業は細切れ授業より無駄が少なく、教材や知識の習得に極めて有益で経済的だという。

言われてみればその通りで、私も自分の小学校から高校までの授業を考えてみると、午前中四時間、午後三時間、次々に異なる科目を学ぶことは、一つのことに集中できず、まとまりのない、無駄の多い授業だったと今にして思う。

ただ、親としては気がかりなことがある。

三週間ほど、一つの学科をメインレッスンとして学ぶと、今度は、それまでとは全然無関係な学科をメインレッスンとしてまた三週間ぶっ続けに学びはじめるのである。それまで学んできたメインレッスンの内容を忘れてしまうのではないかと親は心配するのだが、シュタイナーは忘れていいのだという。それどころか、忘れることを大切にしなければならないとも言う。

なぜなのか。

それは、一つの事柄を集中的に学んだ後にそれとは別の事柄をまた一定期間学ぶことは、以前に学んだことを完全に忘れきってしまうのではなく、別の事柄を学んでいる期間は、以前に学んだ事柄は子供の無意識の中で魂（心）を活動させる力として働いている。

それを一定期間をおいて再び意識に上らせ、取り上げると、以前より魂（心）がよりよく活動するようになり、理解がいっそう深まっている、というのである。

前の晩にできなかった問題が、翌朝になるとできるようになっていることがあるが、それと同じである。それは眠っている間に学んだことが意識下に入って心を活発に動かし、翌朝起きたときに魂（心）の力がよりよく活動するからである、という。

「人間は、できる限り忘れることを考慮しなければならない」「重要なのは、ある事柄が意識下に入っていき、後に適切な方法で再び取り戻されるようになることである」とシュタイナーは言っている。

この件については、私の子供たちの意見を聞いてみよう（この私の子供たちの意見は、グレネオンを卒業した後、すなわちグレネオンでの教育が終わった後の意見である。現在進行形ではない。しかし、その分、自分たちの受けた教育を振り返って客観的に見ることができるのではないかと思う）。

長男の意見。

「学科が変わることに、全然抵抗を感じなかった。せっかく算数などで覚えたものを、次のメインレッスンで忘れてしまうという心配も抱かなかった。結局、その時に教わったことは残っていて、後で役に立った」

なるほど、シュタイナーの言う通りだ。

長女の意見。

「メインレッスンは読書に似たところがあって、学科が変わることは、新しい本を読むのに似た楽しみを感じるし、終わったメインレッスンには、読み終わった本をしまうときに味わう余韻のようなものを感じる。メインレッスン・ブックを各自で工夫を凝らして書くのがまた楽しかった」

終わったメインレッスンに余韻のようなものを感じる、というところは、それが意識の深いところにまで達したということではないか。

次女の意見。

「学科が変わることに不安は感じなかった。メインレッスン・ブックを作るのに創造的な達成感があった。普通の学科より後に残って好きだった。友達どうしで何か話していても、『あ、それ、メインレッスンでやったこと』などと学んだことがすぐ出てくる。それに単に学科を教わるより、先生との仲が深くなった」

以前に学んだことが何かのきっかけですぐに出てくる、というところは、学んだことがしっかり意識下に残っているということだ。

次男の意見。

「僕は幼稚園からグレネオンだから、他の学校のことは知らない。メインレッスンも三週間ごとに、古代史から科学まで飛んだりするが、こんなものなんだと最初から疑問を持たなかった。普通の教科書で学ぶより、先生が自分で前もって勉強してまとめてくるから、分かりやすいと思う。古代エジプトについて学んだときなどは、先生自身がエジプトで体験してきたことなど話してくれたので、実感を持つことができた」

細切れ授業では得られない深い理解を得ていることがよく分かる。次女の話と合わせると、担任の教師との関係が深くなる利点もある。

という具合に、私の家の子供たちは、メインレッスンは自分たちにとって非常によかったという。

結局親の心配は杞憂《きゆう》というもので、このメインレッスンはよく考えて作られていて、これこそ、シュタイナー教育の、肝の一つだろう。

何よりも、子供たちが、自分たちの作ったメインレッスン・ブックを宝物のように大事にしていることだけで、メインレッスンというものがどれだけ子供たちの心に深く残っているかが分かる。まさに、勉強は創造であることを子供たちの心にしみ込ませてくれるのである。

担任が八年間持ち上がる

もう一つ、シュタイナー・スクールで特徴的なのは、一年生から八年生まで「クラス・ティーチャー」という教師が学級の担任を続けることである。同じ教師が八年間、日本風に言えば「持ち上がる」のである。

なぜ、一人の教師が一つの学級を八年間担任し続けなければならないか。それは、シュタイナーによる子供の本性の深い洞察に基づいている。

シュタイナーによれば、子供たちの魂（心）の中で一番発達するのは感情であるから、教師は子供の喜び、楽しさの感情をふくらませ、感激、感動を味わう体験をもたらさなければならない。何か深い意味を持つ事柄を学ぶ場合に、その持つ意味を理解することは後でよいという。

まず、その事柄を、絵画的、造形的、音楽的、即ち芸術的に構成し展開することで体験させ、身にしみ込ませる。

その後一定期間をおいてから、同じ事柄をその持つ深い意味を知的に理解するという形で改めて学ぶと、子供に深い感動を呼び起こし、子供の感情、魂（心）の成長に優れた作用を及ぼす。

例えば詩の場合、最初にその意味を深く考えず、言葉の響き、リズムの美しさなどを、詩の朗読によって子供たちの感情に強く訴えかける。

それからしばらくして、同じ詩を今度はその深い意味を考えながら読む。

感情に訴えかけておいた詩を、時間をおいて今度は知的な理解力を伴って読み直す。こうすることで子供に深い感動を呼び起こす。

こういう教育の方法による授業はシュタイナーによれば「子供の感情にことのほか強く作用し、子供の魂（心）を健全に育成する」。

こういうことができるためには、例えば子供が四年生になったとき、二年生の時にどんなことを学んだか、教師が知っている必要がある。

担任が継続していれば、二年生の時に子供の魂（心）の中に自分が何を植えつけておいたか教師は知っていて、四年生になったときにそれを継続的に育成、発展させることができる。

四年生になって初めて担任になった教師には、それ以前にどんな教育が行われてきたか確実に知ることができない。

同じ教師が、前年度までに子供たちの魂（心）の中に育成しておいたものを、教師が自分の手で継続発展させようとして授業を行うとき、子供の魂（心）の中に深い感動が生じて子供の魂（心）は健全に発達する。

それだけではない。

八年間一貫して担任することで、教師は子供一人一人の「個性」をしっかり把握し、この個性を考慮して授業・教育活動を展開できる。一年ごとに担任が変わると、教師は一人一人の子供の個性をしっかり把握した授業・教育活動をすることができない、とシュタイナーは言う。これが、一人の教師が八年間担任を続けることの理由である。

一人の教師が八年間担任を続けることの利点はいくつかある。

まず、教師が生徒一人一人と親密になり、生徒に対する理解が深くなること。

前述の通り、担任教師が生徒一人一人の個性をしっかりと摑み、一年生から八年生までの成長の過程を把握できること。

その結果、それぞれの生徒に対して、その成長に応じて、その生徒にふさわしい指導ができること。

さらに、この親密な教師と生徒の関係を築くことで、互いに信頼しあい、相手をおもんぱかるという、人間にとって一番大事なことを身につけられること。

もちろん、利点もあれば、その裏側の問題点もある。

一人の教師が八年間一貫して担任すると、学級が閉鎖的な空間になり、教師は王として君臨し、独善的になりやすい。

それを防ぐのが「校内教員会議」である。

教員会議では、教師たちは自分の担任する子供たちについての問題点を出しあい、また毎日の授業、学校生活での指導方法など議論を行い、子供の教育に関する問題の解決に努力する。

この教員会議で、教師たちは互いに他の教師から学びあうので、独善に陥ることがない。また教師たちが内的に結びあい、学校全体が一つにまとまる。

こうして、一人の教師が一つの学級を八年間一貫して担任することがシュタイナー・スクールの大きな利点となるのである。

この八年間同じ教師の担任という制度は、私の子供たちを観察する限り、非常にうまく働いていたと思う。

まず、教師は自分の担任の生徒たちを自分の子供のように思う。これは、熱烈なものである。ある教師は、「私は自分の担任の生徒のすべての写真を持っていて、毎晩、夜寝る前に一人一人の写真を眺めて、この子たち一人一人が幸せでありますようにと祈るのだ」と私に言った。

教師は生徒たちを毎日観察しているから、何か生活態度の変化や、精神的な不安定などに気がつくとすぐに両親に連絡を取って、問題があればそれを解決するように話し合う。

私は、親として、自分の子供のことをここまで親身に世話をしてくれるのかと、心からありがたいと思ったことが何度かある。


九年生になると、それまでの「クラス・ティーチャー」の手から離れて、教科を自分で選択して、自分の選択した教科ごとの専門の教師の授業を受けることになる。

九年生以降は「クラス・ガーディアン」という教師が一つの学級を取りまとめることになる。それまでの担任とは役割が違う。

この「クラス・ガーディアン」は、日本の学級担当と同じなのではないか。その専門によって、例えば算数や理科を教えたりすることもあるが、基本的には、一つの学級の面倒をみるのが役割である。もちろん生徒たちの精神面まで気を配って面倒をみるが、「クラス・ティーチャー」のように朝からずっと一緒というわけではなくなる。

「クラス・ティーチャー」を一年生から八年間続けると、身も心もぼろぼろになるほど疲れるという。それはそうだろうと思う。あそこまで、献身的に生徒たちのすべてに打ち込んでいれば、疲れ切るのは当たり前のことである。グレネオンの教師たちのその献身ぶりは他では見ることができないものである。

一言でいえば、凄い。

私も、あんな先生たちに中学高校の時に出会っていたら、人生は変わっていただろうと思う。それほど、グレネオンの教師たちは子供の教育にすべてを捧げるのである。

とはいえ、当然、一年生から八年生まで全部を教えきれないという教師も出てくるわけで、グレネオンではその状況に応じて、七年生以降は別の教師が「クラス・ティーチャー」を引き受けることがある。

それにしても、一年生から四年生、五年生、六年生と持ち上がるのは精神的な負担が非常に大きい。そこで、ある程度、学級担任をすると、丸一年間休暇を取ることが許される（この休暇を与えるところが、実に、シュタイナー・スクールのよいところである。教師の心が豊かでなかったら、どうして豊かな心の子供を育てることができるのか。休暇を取ることは、人間にとって非常に大事なことである）。

体罰教師は追放、いじめは退学

考えてみると、最初長男が入学を決めた男子校の体罰制度に感謝しなければならないようだ。その男子校が、鞭で叩く体罰、ケイン・システムを取らなかったら、私はそのまま入れてしまったわけだし、それが嫌になったら日本へ帰ろうと思っていたから、グレネオンに出会うこともなかっただろう。

グレネオンに子供たちを入れることができたのは、私たちの人生の大当たりだったと思う。単に、日本の教育制度からひっぺがすつもりで来たシドニーで、私たちが求めていた理想的な学校を見つけてしまったのである。

航空貨物運送会社に勤めている友人がいなかったら、その貨物運送会社がドイツの会社と合弁事業をしていなかったら、そのドイツ人の社長に娘がいなかったら、そしてその娘がグレネオンに行っていなかったら、私たちはシュタイナー・スクールがシドニーにあることを知らずじまいだったに違いない。

偶然の積み重ねで、グレネオンを見つけたことは、幸運としか言いようがない。

体罰制度のおかげで見つけたグレネオンであるが、もちろんグレネオンでは教師による体罰は許されない（現在は、グレネオンだけでなく、オーストラリア全土で体罰は禁止されている）。

一度、こんなことがあった。グレネオンに音楽の教師が新しくやってきた。神経質であまり明るくない感じで、私はいい感じを持たなかった。子供たちにも評判はよくなかった。二年ほどいただろうか。ある時、突然その教師が辞めてしまった。

辞めた理由は、授業時間に、その教師が生徒の頭を叩いたからだというのだ。叩いたといっても持っていた縦笛で軽く頭を叩いただけで、怪我《けが》も全くしなかったのだが、叩いたことには違いがない。それが他の教師たちの間で問題になってしまって、その教師はグレネオンを辞めさせられることになったのだ。

といっても、完全に辞めさせるのではなく、西オーストラリア州の関連学校に異動という形になったようだが、グレネオンを追放されたことに変わりはない。グレネオンでは体罰を加えた教師は追放になるのである。日本の教師はグレネオンでは勤まらないだろう。

私はその話を聞いて、ますますグレネオンに信頼を置くようになった。木刀をかついで学校に乗り込む準備をしないでよいのは精神衛生上大変によいことだ。

グレネオンでは、教師だけでなく、生徒同士の暴力やいじめも許されない。双子の長男と長女の学級に精神的なハンディキャップを持った子供がいた。そして、そのハンディキャップを持った生徒のことを、そのハンディキャップゆえに悪口を言ったりからかったりした者は、その場で退学させられることになっていた。学校で決めたことなのである。

退学とはずいぶん厳しい罰である。

しかし、弱者を守るために学校がそれほど厳しい姿勢を取っていることを知って、子供たちは先生方を信頼する。心は豊かになる。日本の学校のように、生徒がいじめに遭っているのを学校は知らなかったなどと無責任なことを言うことはない。

日本ではいじめで子供が自殺をしたり傷害問題を起こすたびに、学校の校長などが、そんないじめに遭っているとは全然知らなかったと他人事のように言い訳をする。しかし、担任の教師が自分の担任している生徒たちの間で何が起こっているか気がつかないなどということがあるだろうか。

私は講演などを頼まれることがあるが、聴衆より三十センチでも高いところに立つと、聴衆が何人いようと、隅から隅まで全部の人間の動きがよく見て取れるということを発見した。まともな教師なら、教壇に立っただけで生徒たちの表情や態度が見て取れるはずだ、ということが分かった。

さらに、担任なら授業時間以外の生徒たちに目を配るのも当然だろう。それで、いじめに気がつかなかったなどというのは、全くの逃げ口上で、あまりに無責任だ。それでは、子供たちが教師を信頼するはずがない。

グレネオンでは教師たちは生徒たちと密な関係を築き上げている。常に生徒たちに目を配っている。誰かがいじめをしているなどということがあったら、すぐに気がつき、それに対して適切な処置を直ちに取る。いじめがあるのに気がつかなかったなどという無責任な言い訳が許される学校ではない。


うちの子供たちは、一九九〇年の二月から、全員グレネオンに通うようになったが、ここで、次女の身の上に変化が起こった。

これは、第一章にも書いたことだが、次女は、二年生の五月にシドニーに来て、三年生いっぱいロカット・バレー・スクールにいたのだが、その間、ロカット・バレー・スクールのマックグラー校長先生が特別授業をしてくれたり、エア・オランさんに英語を教えに来てもらったりしたが、学校では一言も英語を話さないと、教師に聞いていた。

親の口から言うのも何だが、次女は利発であり、これだけ周囲が熱心に英語を教えてくれているのに喋れないということが不思議だった。

学校で口を開かないと聞いた私たち夫婦は非常に心配した。これは、オーストラリアに連れてきたのは次女のためには間違いだったのかと、心を痛めた。

一方で、高校からアメリカの高校に行ってうまくいった私の姉の長男の例もあるし、長男と長女は一年半で大幅の進歩を遂げているので、そのうち何とかなるのではないか、と願う気持ちもあって、日本へ帰ろうとは思わなかった。

ところが、次女はグレネオンに転校すると、その最初の日から、ぺらぺらと英語を喋りはじめたのである。すぐに仲のよい友達を何人か作り、家にも連れてきて、英語で何不自由なく喋っている。

これには私たち夫婦も驚いた。

次女は、完璧《かんぺき》主義者であり、自尊心が強い。

だから、下手な英語で喋るのは嫌だと自分を抑えているうちに、ロカット・バレー・スクールにいる間は、喋れるようになっても喋りだすきっかけを逃してしまっていたのではないか。

それが、転校して、全く新しい環境に移ったことで、自分に対する規制を一気に解除したのだろう。この一年半、次女はどんなに辛い思いをしてきたことかと考えると、深く胸が痛んだ。

子安美知子さんのお書きになった『ミュンヘンの小学生』にも、お嬢さんの文さんが、最初のうち学校で全くドイツ語を話さなかったことが書かれている。

しかし、文さんの場合、一年生のうちにドイツ語を学校で話しはじめた。しかし、次女は三年生いっぱい話さなかったのである。

子安美知子さんも、その件でずいぶん心配されたようだが、私たち夫婦の心配も並大抵のものではなかった。それが、グレネオンに転校したその日からぺらぺら喋りだしたのだから、私たちの心配は一気に吹き飛んだ。心からほっとした。これで、何とかうまくいくと、気持ちが明るくなった。

グレネオン入学は、子供たちにとってオーストラリアでの教育の再出発である。再出発の出だしは上々だった。

第三章

心を豊かにする教育

日本の「道徳」は偽善である

私たちの子育ては、グレネオンに子供たちを入れたことで、日本を出たときのもくろみとは大きく違ってしまった。

もし、グレネオンに出会わなかったら、そして、グレネオンでの教育が私たちを満足させるものでなかったら、私たちはとっくに日本へ戻っていただろう。二〇〇八年でまる二十年シドニーに住み着くなどということにはならなかった。

グレネオンとの出会いが、私たち家族の運命を大きく変えたと言えるだろう。

グレネオンの教育は、私を、日本を逃げ出したいと思わせた日本の教育とは正反対のものだった。日本の教育は主知主義であり、知能の教育、知育一辺倒である。私の経験からしても、心の教育は行われない。

と言うと、日本の学校でも「道徳」の時間があって道徳教育が行われている。その「道徳」の時間では、命の大切さ、とか、他者に対する思いやり、など心の教育をしている、と反論されるかもしれない。

私が言っている心の教育とは、そのような単独の教科としての心の教育ではない。

「道徳」の時間以外の授業はどうなっているのか。相変わらず、知育一辺倒の詰め込み教育ではないか。例えば他者への思いやりを「道徳」の時間に教えても、他の授業では試験の点数で生徒を評価する仕組みになっていて、生徒たちを他の生徒より高い点数を取るように競わせる。他の生徒を思いやってはいられない。

日本の小学校、中学校、高等学校の評価は、受験の成績で決まる。受験とは他者に勝ち抜く競争である。他者を思いやっていては、競争に勝てない。

すべての面で競争に勝つことを第一として生徒を駆り立てておいて、「道徳」の時間でだけ他者への思いやり、などを教えたところで、何の意味もない。

「道徳」の授業の時だけ、心について云々しても、その他の授業では心を無視しているのでは、生徒たちの心は豊かにならない。

すべての授業が、心を豊かにする教育でなければ、生徒の心は豊かにならないのだ。

学業成績を上げることだけを目標として、心を無視し生徒を締めつける、そのような教育のもとで、どうして豊かな心が育まれようか。

子供たちは「道徳」の授業が偽善であることをとっくに嗅《か》ぎとっている。「道徳」の時間以外の授業では、「道徳」の授業内容と違うことを教えているのだから。

向学心を殺す「ゆとり教育」

私が日本を飛びだしてから、二十年経つが、日本の教育体制は少しも変わらない。

「ゆとり教育」などが行われているというが、それは、授業時間数を減らすだけのことで、心を豊かにすることとは関係がない。

ついでに言うと、文部科学省の進める「ゆとり教育」は、「ゆとり」という言葉の意味を完全に取り違えている。

例えば、πの値を、3・14159……ではなく、ただの3と教えるようにしたことである。

これは誰かが言っていたことだが、昔、桶屋《おけ》は桶の周りに巻くたがの長さを「直径の三倍と、ちょっと」と覚えたそうである。その「ちょっと」が非常に意味がある。円周率をただの3と教えてしまっては桶のたがも作れない。昔の桶屋に劣る教育を文部科学省は子供に与えている、とその人は言っていた。

勉強で一番大切なのはきちんとした事実を学ぶことであって、いい加減に歪曲《わいきょく》単純化したことを教えることが「ゆとり」を生み出すなどというのは、途方もない馬鹿げたことである。

シュタイナーは、その時は難しいと思えることでも、とにかく記憶させることが大事だという。理解できる年頃になって、その意味を説明すると、最初にちゃんと記憶していればきちんとした理解ができる、という。まさにその通りだ。

最初にいい加減なことを記憶させてしまうと、後でもう一度正確なことを覚え直さなければならなくなる。全くの無駄で有害なことだ。

最初にπを3と覚えてしまって、それから後で、実はπは3・1415……で、などと教え直されたら、子供は混乱するだけだ。

それに、私自身、πの値を3・1415……と教わったとき、小数点以下が無限に続く無理数というものの存在に非常な好奇心と興味を抱いた。不思議だ、一体これはどういうことなんだろう、とその訳を知りたいと思った。

もし、それをただの3と教えられたら、好奇心も興味も抱くことがなく、πの持つ意味の深みを知りたいという向学心を起こすこともなかっただろう。「ゆとり教育」はそのような、生徒の勉学に対する好奇心、興味、ひいては向学心を殺すものだ。

授業時間を少なくして、教える内容を歪曲単純化しても、受験勉強一本槍の教育体制は変わらない。「ゆとり教育は」なにひとつ「ゆとり」を生み出さない。生み出すのは、正しい知識を与えられていない子供たちだ。「ゆとり教育」は「愚民化教育」なのである。

日本の教育に対して一番の害悪をなしているのは文部科学省だ。

現在の日本の教育の状況について様々な情報を手に入れて検討してみたが、日本の学校の教育体制は少しも変わっていない。むしろ、学級崩壊や悪質ないじめなどが至る所で進行して事態は悪くなっている。心をまず豊かにする教育を行っていれば、学級崩壊などということが起こるわけがない。学級崩壊は、生徒の教師たちと学校に対する絶望から起こることだ。生徒と教師たちの心が通いあっていないのだ。

二〇〇八年は七月までの間に、無差別に見ず知らずの人を殺傷する「通り魔事件」が八件も発生した。犯人たちが警察に対して行った供述が、どこまで信頼性があるのか分からないが、少なくとも共通して見て取れるのは、無差別の凶行に至る若者たちの心が、冷たく渇いており、荒廃して貧しいことだ。

幼いときから、学業成績を競わされ、互いに相手を尊重せず、情愛というものがなく、勝った負けた、上か下か、そんなことしか考えない乾いた人間関係の中で、常に他人と自分の優劣を比較するように仕向けられ、心を豊かにする機会を与えられないまま生きていくと、どういう人間になるか、その答えを彼らに見たように思う。

新聞や雑誌では、今の日本の格差社会が若者たちを犯行に追いやったという論調が主流だが、経済的な貧困より、まず心の貧困を問題にするべきではないのか、と私は思う。多くの論者が誰一人として、日本の教育制度がいかに子供たちの心を貧しくしているか論じないのを見て、私は失望した。

グレネオンはまず感情豊かな心を育てることを目標にしている。

日本の学校のように、「道徳」の時間だけ心の教育をするのではない。すべての学科が心を豊かにする教育を考えて行われている。さらに言えば授業時間だけではない。学校での生活すべてが、心の教育を目指しているのである。

九年生（中学三年生）になるまで試験もない。

心を豊かにすれば、自然に学業も身に付く、という考え方なのであり、その結果、高校を卒業する段階までには、自然に学力が付いていて、全国的な高校卒業資格試験を受けてみればグレネオンの生徒は高得点を取る。

豊かな心とはどんなものかといえば、実に平凡なものである。

美しいものに感動する。自分で美しいものを作ろうとする。人を愛する。他人を尊重する。他人を傷つけたり、陥れたりしない。争いを起こさない。他人の争いを収めようと力を尽くす。よりよい方向に自分を成長させる努力を死ぬまで続ける。物欲、名誉欲にとらわれない。欲望を野放しにしない。自然環境を大事にする。

など、など、実に平凡極まりないことで、日本の道徳の教科書にもうんざりするほど書かれていることである。

しかし、それを実現することは非常に難しい。

今あげた、豊かな心の要件を満たしている人間がどれだけいるだろうか。心を豊かにする、というこの平凡極まりないことが、日本の教育制度の下では不可能なのである。

天然のものを大事にする考え方

では、実際にグレネオンで私の子供たちはどんな教育を受けたのか。

まず、次男が受けた幼稚園での教育を見てみよう。

グレネオンは私の子供たちが入ったときには一学年一学級という小さな学校だった。学校の小さいことは、それ以前のロカット・バレー・スクールも同じことなので、別にとまどわなかった。ただ、ロカット・バレー・スクールはいかにも学校という堅苦しい雰囲気があったが、グレネオンには、一応服装の規則はあるが制服がないということもあって、かなりくだけたのんびりした感じがした。

グレネオンは斜面に建っている。幼稚園の子供に長い坂道を歩かせるのはまずいと考えたのだろうか、幼稚園は校門を入ってすぐのところにあった（これは、次男が入園したときのことで、その後幼稚園は私の家の近くのキャッスルクラグに引っ越した。斜面ではなく平らな土地に建っている）。

次男は、それ以前に、チャーチ・ポイントの家の近くの保育園に通っていたので、グレネオンの幼稚園にはそれほど違和感なく溶け込んだようだった。担任は二人の女性で、二人とも子供が好きでたまらないという感じのやさしい朗らかな女性だった。

もともとグレネオンは第二章に書いたように幼稚園から始まった学校で、幼児教育に非常に力を入れている。教育はとにかく基礎が大事だから、幼稚園まで付属しているところがグレネオンのよいところだ。グレネオンの幼稚園では、子供たちが慣れ親しんでいる生活のリズムとパターンを大事にする。そうすることで、子供たちは毎日どんなふうに過ごせばよいか分かるから、安心していられる。普通の日常生活とかけ離れた特別なことはしないのだ。

幼稚園の部屋は暖かい家庭的な雰囲気で、彩りも明るく豊かにしつらえられている。

グレネオンは化学製品ではなく天然の素材でできたものを大事にする。子供たちは化学製品ではなく、天然のものを大事に使うことを教えられる。

グレネオンの創立者の一人シルビア・ブローズは二〇〇一年、八十六歳の時に、次のようなことを言っている。

「子供たちは、現実の人間関係を築き上げるように力づけてやらなければならない。テレビやインターネットを通して伝えられるキャラクターは二次元的なもので、そういうものとの交流は現実の関係ではない。そんなものに心を奪われて、子供たちの心が鈍くなることを許してはならない」

それが、グレネオンの基本的な考え方だから、幼稚園の室内に置かれている人形などの品々は、みんな天然の材質で作られたものばかりである。触った感じも柔らかく、子供たちになじみの多いものが沢山置かれている。工場製品の現代的なメカニカルなおもちゃの類より、そういう古くさい昔からのものの方が想像力を豊かにし、創造力や潜在的な知的能力を引き出すとグレネオンでは考えられている。またプラスチックのおもちゃも嫌う。プラスチックは冷たくも暖かくもなく、人の感情を動かさないからである。

この考えには私は大いに賛成する。私は子供の頃に大病をして長期入院をしたが、その時に、複雑なおもちゃをもらっても、その時は珍しいと思って喜ぶが、実は複雑なおもちゃは「こうやって遊べ」という大人の命令の固まりであって、一度遊べば飽きてしまう。複雑であればあるほど発展性がないのである。しかし、木の葉一枚、ドングリの実一つ、変わった形の石ころ一つがあれば、それを手にどんどん想像が広がっていって、自分の世界を構築していくことができるから飽きることがなかった。病室の天井のしみの形を見ているだけで、その形をいろいろなものに当てはめて空想を巡らせた。

今流行のビデオゲームなど、遊び方が決められているものは、私には全く面白くない。なぜ人に決められたとおりに動いて面白いのだろうと不思議に思う。

グレネオンの天然志向、自然志向は強く、次男が幼稚園に白いパンのサンドイッチを持っていったところ、すぐに連れ合いに先生から連絡が入り、精製した小麦粉より全粒粉の方が健康によいからパンを全粒粉のものに変えた方がよい、と忠告されたことがある。余計なお世話と言えばその通りだが、グレネオンの教師たちは子供の持ってくる弁当にまで注意を払っているのである。

水彩絵の具を使わせるのはなぜか

幼稚園は小学校の準備だから、するべきことは豊かな感受性を育てることである。

したがって、幼稚園の子供たちのすることは基本的に遊びである。それも、創造的な遊びを先生が考えてやる。

季節ごとにその季節を祝う歌を歌い、水彩絵の具で絵を描く。この、幼稚園や小学校低学年で水彩絵の具を大事にすることが、グレネオンの特徴の一つだ。その理由の第一は、色を楽しむためだ。

例えば画用紙の真ん中に黄色の水彩絵の具を垂らすと、それが丸く徐々に広がっていく。色を垂らした中心から外側にいくにつれて色が薄くなっていく。その、色の濃淡の段階的な変化を楽しむ。さらに黄色などの膨張色は画用紙の真ん中に垂らしてそれが外側に広がっていくのを楽しむが、青などの収縮色は円を描いて青い色が円の中心に向かって進んでいくにつれて色が薄くなっていくのを楽しむ。

あるいは、何色もの色を虹のように水平に平行に筆で引き、互いに接した色どうしが混ざりあって新しい色を作っていくのを楽しむ。

こういうことをすることで、色の感覚を養うのだ。

水彩絵の具を使うもう一つの理由は、物の形をそのまま捉える感覚を身につけるためだ。例えば花を見て花の絵を描くときに、花びらの輪郭を描いたりするのは、見たままを描いているのではなく絵はこういうふうに描くものだという先入観があって描いている、とグレネオンでは考える。水彩絵の具を使えば輪郭など描いたりせず、見たものの形と色を見た通りに描くことができる。また、一つのものはそれだけで独立しておらず、隣接するもの、背景となるものと、一緒に存在する。水彩絵の具で描くと、互いに接するものどうしの色が混ざりあうので、その互いの存在の関係を、より直接に見た通りに描くことができる。

例えば空も、青の単純一色ではないはずだ。よく見れば、夕焼けの空には青と赤にわたって色えるのだ。

の諧調《かいちょう》の違いがある。そういうものを表現するのに水彩絵の具が向いているとグレネオンでは考

水彩絵の具だけではない。他の文房具についてもグレネオンは細かい。

まず、幼稚園から小学校低学年は絵を描くのに水彩絵の具以外はクレヨンを使うが、小学校低学年までは、普通日本で見かける鉛筆形のクレヨンではなく、四角い蠟《ろう》のような固まりで、それ自体がクレヨンになっているチョークのようなものしか使わせない。

それは、小さい子は、鉛筆形のクレヨンだとしっかり摑んで、線を引けないということ。そして、鉛筆形のクレヨンだと一本の決まった線になってしまって、それは不自然だということ。そういう理由による。

確かに、小さな子供がしっかり摑んで線を引くのには、鉛筆形より四角い固まりのチョークのようなクレヨンの方が向いている。また、そのような四角い固まりになったクレヨンで線を引くと、一本の決まった線にならず、濃淡も線の幅も途中で変わったり、まるで一本の線に影をつけたりしたようになる。

水彩絵の具を使うのと同じような理由で、絵を描くときには、その方が自然に物の形を捉えることができるとグレネオンでは考える。

子供たちの言うところでは、鉛筆形のクレヨンを使うのを許されるようになると非常に嬉しいそうだ。

万年筆を使うことを許されたときも嬉しいという。大人になったような気がするからだ。

面白いのは、グレネオンでは高学年になっても、万年筆は使うことを許すが、ボールペンは許されないのである。ボールペンは自然な感じの線が引けないからである。

このように、グレネオンでは文房具にまでいちいち細かく気を配っているのだ。

よく近くのショッピング・センターで周辺の小学校の生徒たちの絵の展覧会が開かれることがあるが、グレネオンの生徒たちの絵はすぐに分かる。水彩絵の具を使って、明るい彩りで、水彩絵の具どうしが混ざり合って、にじんだような画面になっているからだ。

しかし、高学年になれば、水彩絵の具だけでなく、いろいろな画材を使って描くことが許される。グレネオンは芸術を大事にする学校だから、高学年になると驚くような絵を描く子供も少なくない。

幼児期は感性が第一に重要

幼稚園の子供たちは、もちろん、絵を描くだけでなく、着飾って楽しんだり、ブッシュ・ウォーキングといって、学校の庭のはずれにある草や灌木《かんぼく》の茂み（ブッシュという）の中を歩いたりする（オーストラリアでは、このブッシュ・ウォーキングが非常に人気がある。シドニーは住宅地の近くにも至る所にブッシュがあるので、ちょっとした気晴らしにブッシュ・ウォーキングは大人もよく楽しむ）。

子供たちは、先生におとぎ話や、自然についての物語を聞かせてもらい、人形芝居を観せてもらったりもする。

子供たちには、子供にもできる簡単な作業が与えられる。パンを焼くための小麦をひいたり、スープを作るための野菜の収穫をしたり、グレネオンの庭仕事を手伝ったり、蜂蜜から取った蜜蠟を使って造形をしたりもする。この、蜜蠟を使うところが、グレネオンらしい。文房具屋などで売っている化学製品の粘土では子供の感性が鈍ると考えるのである。

自分の大事なものを入れるお宝袋を手編みで作ったりもする。

私は次男が編み物をするのを見て、「男の子に編み物をさせるのか」と驚いたが、実にそれは固定観念にとらわれた考えだと直ちに反省した。男の子が編み物をしている姿はまたかわいいものである。グレネオンでは、この編み物をする編み棒を木の枝から作るところから始めるから念が入っている。

幼稚園の子供たちは、学校のお祭りの際には役割を与えられ、時折りグレネオン全体で学年の終わりに劇が催されるときにも参加する。

さっきも書いたように、幼稚園の担任は二人いて、それぞれが半分ずつの園児の面倒をみていた。学校への準備であるから、子供たちは先生の話をよく聞いて学ぶように導かれる。幼稚園児は気が散りやすいから、これは教師にとってきつい仕事だろうと思う。

と、まあ、こんなところがグレネオンの幼稚園である。非常に自然志向の強い教育が行われていることがお分かりになるだろう。絵の描き方などを見ても、まずどんなものでも見たそのままを感じてつかみ取るというのが、シュタイナー・スクールの教育の基本である。幼児期は感性が第一に重要で、知性を先に働かせるべきではないという考え方なのだ。

しかし、楽しく遊んでばかりだから、早期幼児教育などということが流行《はや》っている日本の親たちから見たら、不安になるのではないだろうか。

私は日本のテレビ番組で、有名私立小学校の入学試験に合格するための、幼稚園児の通う塾のようなものがあるのを見て驚いた。

その有名私立小学校に合格するためには、もちろん字も読めなければいけない、算数もある程度できなければいけない、礼儀も身につけていなければいけない、お辞儀の仕方、先生に対する口のきき方、椅子に座ったりする立ち振る舞いもきちんとしていなければいけない。そのために幼稚園児が塾に通う。

私は見ていて、息苦しくなった。

しかし、両親は「この小学校の試験さえ通ってしまえば、後は大学まで試験なしで行けるから、ここだけは頑張らせようと思って」と言う。なるほど、そういう考え方もあるのだろう。

しかし、一番心楽しく豊かに過ごさせなければならない時期に、あれこれと心を型枠にはめてしまうようなことをして、それがその子供に後々まで影響を及ぼすのではないか、と私は疑問に思った。

早期幼児教育というものにも私は疑問を抱く。三歳、四歳の頃から勉強を教えてどうするというのだろう。

また学習玩具とか、最近ではコンピューターやゲーム機で幼児に勉強させることも流行っているが、そんなものにも私は価値を認めない。認めないどころか、有害でしかないと思う。

コンピューターやゲーム機を使った学習ソフトは、実に理詰めであり、直線的で、子供はソフトの指示通りに動かされる。ソフトの檻《おり》の中に閉じこめられて、その外に出られない。子供はソフトに操られるだけである。

これでは、子供の創造力が養われない。

繰り返すが、私は、人間の基本は、豊かで柔らかで感性のある広い心を持つことだと考える。瑞々《みずみず》しく温かく豊潤な心がまず第一だ。

教育はその心の涵養《かんよう》から始めるべきだろう。知能偏重の教育は心のひからびた冷たい人間をつくる。建物と同じで人間も基本がしっかりできていないとろくな人間にならない。知能の教育など急いでする必要はどこにもない。知能の教育はいつでもできるのだ。しかし、心の涵養は子供の時にしておかなければ、もう、する時はない。

教育の順序を間違えるべきではない。

私はこの年になるまで、数学や物理などで大変な神童が出現したという話を新聞などで何度か眼にしたことがある。しかし、不幸にしてその神童と言われた人間が成人して大成したという話を聞いたことがない。よく、「十で神童、二十歳過ぎればただの人」というではないか。あまりに早く知能偏重の教育をすることは、基礎工事をせずに家を建てるようなものである。そういう家は、ちょっとした地震でもひっくり返ってしまうのと同じで、基本ができていない人間は、挫《ざ》折《せつ》しやすい。

その意味で、グレネオンの幼稚園教育は私の考えにぴったり合った理想的なものだった。

次男も、「僕は幼稚園からグレネオン育ちだから」と自慢している。グレネオンの幼稚園は楽しかった思い出が沢山あるという。私は、幼稚園はそれでよい、いや、それでなければならないと考えている。

孟母三遷ではないけれど……

ここからさらに、私の子供たちが、グレネオンで受けた幼稚園から先の教育がどんなものだったのか、振り返ってみたいが、その前に、私たちの生活の変化についても、書いておかねばなるまい。

グレネオンにいったん入ってみると、最初に私が抱いた危惧《きぐ》は、全くの杞憂で、シュタイナーの神秘思想を教えることも、宗教教育もすることがなく、しかも、非常に人間味豊かな教育をしてくれることが分かった。私たちはすっかり気に入ってしまい、このままグレネオンに通わせることにしたのだが、一つだけ大きな問題があった。

それは、通学の問題だった。

第一章にも書いたが、最初に私たちが住んだのは、ピット・ウォーターという湾に面した素晴らしく景色のよいチャーチ・ポイントだった。

私はそのチャーチ・ポイントの家に満足していた。今でも、時々その近くの国立公園に行くときにチャーチ・ポイントの家の前を通ることがあるが、その度に、ああ、こんなにいいところに住んでいたんだな、と懐かしいと同時に残念で淋しい気持ちになる。

それほど気に入っていたチャーチ・ポイントから今住んでいるキャッスルクラグに引っ越したのはひとえにオーストラリアの公共交通機関の不備のせいである。

日本は電車、バス、地下鉄といった公共交通機関が網の目のように四通八達していて、それらの交通機関を乗り継げばどこにでも比較的短時間で行ける。

ところが、オーストラリアではそうではない。シドニーに走っている電車の路線は一本だけだから、電車の恩恵にあずかることのできるのはその沿線の住民だけ。バスは沢山走っているように見えるのだが、路線が限られているうえに、本数が少ない。日本のように、十分か十五分置きに来るのはごく限られた地域だけだ。

もちろん通学用のスクール・バスは走っているが、それは主に公立学校を中心にした路線が決まっていて、その路線から外れると何本ものバスを乗り継がなければならない。

チャーチ・ポイントからグレネオンを結ぶバスの路線はない。当然乗り継ぐことになるが、今言ったようにどの路線も本数が少ないうえに時間が正確でない。しかも、時々勝手に間引き運転をして、来るべきバスが来ないことさえある。それでは一体どれだけ時間がかかるか分からない。とても現実的ではない。仕方がないから、私たちが車で送り迎えをすることになる。どこに住んでいてもバスと電車で簡単に通学できる日本から見ると、絶望的に不便である。

グレネオンはチャーチ・ポイントから、シドニーの中心（こちらでは、シティと呼ぶ）に向かって、車で三十分ほどの距離にある。

これは、何の渋滞もない時の話で、朝の通学時間は、出勤時間と重なる。

東京の交通渋滞は凄まじいが、まさかシドニーでも同じような交通渋滞に苦しむとは思ってもいなかった。チャーチ・ポイントの我が家の前の道から幹線道路に出る少し前から既に渋滞が始まる。幹線道路に入ると、これはもう絶望的なまでに渋滞している。片側四車線の道が車で埋まっていて、じりじりと進むだけである。

結果的に家からグレネオンまで、車で一時間以上かかる。

その上、次女と次男はすぐに車酔いをする。これだけ長時間車に乗っているのだから、二人は毎日のように車酔いを起こして苦しんでいた。これがまた厄介な問題だった。

最初は二、三年で日本に帰るつもりだったが、グレネオンがあまりによい学校なので、グレネオンで教育を受けさせることが目的に変わってしまった。であれば、私たち夫婦のためにも、子供たちのためにも、もっと通学に便利なところに引っ越した方がよいということになった。

そこで、チャーチ・ポイントの家を見つけるときに世話になったデニスに頼んで、家探しをしてもらった。最初にも書いたが、我が家は甥を入れると八人家族だ。これだけの大人数が住める家はオーストラリアでも探すのに厄介だ。

ずいぶんあちこち見て回った結果、学校まで車で五分もかからないキャッスルクラグというところに我が家の条件に合った家が見つかった。チャーチ・ポイントには未練があったが、子供の教育のためには仕方がない。引っ越すことにした。

と簡単に書いたが、家が見つかるまで一年かかった。

その当時のことを、ジャパン・プレスに書いた記事で振り返ってみる。

《転居（JP一九九一年三月号）

二年半住んだチャーチ・ポイントの海沿いの家から、キャッスルクラグに転居した。

オーストラリア中、あちこち回って、結局、一番気に入った場所だったのでチャーチ・ポイントに住むことに決めたのだ。ベイ・ビュー、チャーチ・ポイントのあたりは、オーストラリア全土でも他に滅多にない素晴らしい場所だと思う。

そんな気に入りの場所から転居したのは子供たちの学校のせいである。ミドル・コーブにある学校までチャーチ・ポイントからだと早くて片道四十分。朝は通勤時間帯に重なるために一時間を超えることもある。これを朝の送りと夕方の迎えの二往復するのだから大変だった。運転手の親は一日に最低でも三時間、車の中にいることになる。一年間続けたら、私たちは参ってしまった。新聞広告まで出して探して、ようやく学校から車で五分以内のところに家を見つけたという訳なのだ。学校の近くに越してきて喜んでいるのが長男だ。学校の友人たちと遊ぶのにも親に車の送り迎えを頼む必要がない。バスや自転車で行ける範囲に友人たちが住んでいる。

引っ越したその週から金、土、日と友人の家に泊まり込んだり、友人どうし連れ立ってスポーツ・センターに泳ぎに行ったりする。自転車通学ができるのも嬉しいようだ。

おどろいたことに、それまで大変な朝寝坊だったのが六時半に起きて七時には家を出てしまう。授業開始前に友人たちと遊ぶためである。あまりの変わりように家族一同あきれているが、親に頼らずとも、自力で、またはバスなどで友人たちの集まりに参加できるのがよほど楽しいらしい。長男にしてみれば、自由を獲得したわけで、個人で行動できる自由を楽しめるようになったのも成長の表れなのだろう。

下の三人は長男のようにはいかない。せっかく無料の通学パスをもらったのに、最初の数日は自分たちだけで乗るのは心細いから、長男に一緒に乗ってくれという。長男は、一緒に乗ってやるのはいいが、その代わり七時発だぞという。そこで寝坊の長女は挫折する。

こんな訳でせっかくのバス・パスを使うきっかけをつかめず、連れ合いが送り迎えしているのだから困ったものだ。とは言っても、片道五分もかからないから、今までと比べれば苦でもない。通学に関しては家族全員、苦労がなくなって幸せになった。

私が一人だけ、おれはチャーチ・ポイントが好きだったのにと愚痴をこぼしているが、私も四人の子の親。子のために犠牲になったわけです。トホ・ホ・ホ……。》

この、公共交通機関が発達していないことは他にもいろいろと不便である。子供たちが友達の家に遊びに行くのにも、習い事をしたり、運動をしたりするのにも、いちいち我々が送り迎えをしなければならない。キャッスルクラグに越して来て便利になったとはいえ、バスや自転車で行ける友達の家の数は限られている。相変わらず、連れ合いがせっせとあちこち子供の行きたいところへ送り迎えしているのである。オーストラリアではこれが当たり前で、Mum's taxi（お母さんのタクシー）という言葉があるくらいだ。

ただ、人によっては、親が送り迎えすることで子供が道草を食う心配はないし、親と子供が一緒にいる時間が日本にいるときよりあって、濃密な関係が持てるからよい、とも言う。確かにそうかもしれないが、公共交通機関がもっと発達していたらチャーチ・ポイントから引っ越す必要はなかった。私はいまだにチャーチ・ポイントに未練があるのだ。

このような生活の変化も伴いながら、グレネオンを中心とする、私たちの生活が進行していったのである。

第四章 シュタイナー教育のカリキュラム

シュタイナーが考える「理想的な人間」とは

長男長女は中学一年生、次女は小学校四年生でグレネオンに編入した。小学校と中学校の建物は、幼稚園からかなり斜面を下がったところにあった。

グレネオンは小さな学校で、次女が入学した学年の時初めて二学級になった。それ以前はすべて一学年一学級だった。

小さな学校のよい点は、生徒も教師も全員がお互いを知っていて、学校全体が親密にまとまっているところにある。

ここで、グレネオンのカリキュラムを見ておくと、グレネオンが十二年生までに、どのような教育をしているのか摑めるのではないだろうか。

ちょっと煩瑣《はんさ》になるが、二〇〇八年現在のカリキュラムを学年別に見ていこう。

まず、クラス・ティーチャー制で、一人の担任が一年生から八年生まで持ち上がる時期のカリキュラムを見てみよう。

この一年生から八年生までの初等教育の時期に教えられる教科は、英語、数学、理科、歴史、地理、ドイツ語、日本語、音楽、美術、工芸、木工、演劇、スポーツ、ユーリズミー、などである。

シュタイナー・スクールの特徴は前にも述べたようにメインレッスン制だが、どの教科も生徒の想像力を豊かにすることに心を配り、視覚に訴えるように図や絵を多用する。

視覚に訴えるので、細部にまで注意を引き、見た目にも楽しく、初等以降の教育の段階で必要になってくる大事な能力を育むことができる。

メインレッスンは、前述のように一年生から八年生まで持ち上がる担任の教師、クラス・ティーチャーによって行われるが、日本語のような特別の科目は専任の教師によって行われる。

グレネオンでは前述の通常の学科のほかに、精神の発展をうながすため、その段階で何を身につけるか学年ごとにテーマが設定されている。そのテーマこそが、シュタイナーの考えるカリキュラムだ。

幼稚園から始まって、一年生から十二年生まで、そのテーマを追っていくと、最終的にシュタイナーの考える、すべての面で発達した、理想的な人間が完成する。

シュタイナーの考える理想的な人間とは、「世界と人間の歴史と文化について十分な知識があり、実生活で役に立つ能力と、音楽を演奏したり、絵を描いたり、文章を書いたりする芸術的な能力を持ち、自然に対して畏敬《いけい》の念を抱いて自然との共存を人事にし、生きていく中で政治的、経済的な難問に直面しても、自らの自由意志で自分から行動できる人間」、である。

芸術を重要視することはシュタイナー・スクールの特徴の一つで、子供たちは何か一つ楽器が弾けるように教育される。

それも、グレネオンは自然志向が強いので、ピアノよりも、木製の縦笛、バイオリンなどが自然に近い楽器ということで勧められるところなど、グレネオン全体の志向するところがお分かりいただけるだろう。

演劇、踊り、なども学年末にはいろいろ工夫を凝らして行われる。

絵を描くことも、盛んである。そもそも、メインレッスンのノート作りが、たとえそれが数学であっても美的感覚を発揮することが奨励されるのだから、当然のことだ。

学年ごとのテーマがある

シュタイナー・スクールでは理想的な人間を目指して学年ごとのテーマ、カリキュラムを積み重ねていく。

そのテーマを、学年ごとに見て行こう。

●一年生／テーマは**「童話の世界」**

「グリム兄弟の童話」「その他、様々な国の童話」を読む。

童話は、子供たちが現実の世界に入っていく入り口の役目をする。道徳というものも学ぶ。現実の世界は楽ではない。骨の折れる仕事も嫌なこともある。そういうことを、童話の世界で学ぶことで、これから先、いろいろと学ばなければならないという意志を強くすることができる。

また、子供たちは自分はこの学級の一員であるという一体感と同時に、この世界との一体感も抱くようになる。

子供にとって、同級生との一体感を抱くことは重要なことである。

●二年生／テーマは**「ケルト人の世界」**

ケルト人とは、かつてヨーロッパに広く居住していたが、後にゲルマン人などの圧迫で衰退し、現在はウェールズ、スコットランド、アイルランドなどに住む人々のことである。グレネオンはイギリスの植民地だったオーストラリアの学校だから、最初にイギリスの歴史から入っていくのは自然なのだ。

この過程で、「アイルランドの王」「聖者の物語」「動物の寓話《ぐうわ》」などを読む。

この学年では、人間は過ちを犯しやすく弱い存在だが、同時に素晴らしい可能性を持っていることを、これらの物語を通じて学ぶ。

●三年生／テーマは**「ヘブライの世界。旧約聖書からの物語」**

旧約聖書の中から、「最初に光があった」「イスラエルとエジプト」「ダビデ王の物語」「出エジプト記」を読む。

この学年では、子供たちの、自分自身に対する自覚をいっそう強め、自分の強さ、弱さ、そして自分自身と同時に他者に対する責任感などを感じるように育む。

●四年生／テーマは**「スカンジナビアの世界」**

「北欧の神話、Asgard（アスガード）の神々」「神々のたそがれ」「Volsunga Saga（ヴェルスンガ・サーガ／十三世紀アイスランドのヴェルスンガ一家を中心とした伝説集）」などを読む。

子供たちの精神は、この段階で、感情と想像力の領域で発達を遂げる。子供たちは個人としての自分に目覚め、自分を取り巻く環境について知りたいという気持ちを抱く。

●五年生／テーマは**「我々人間の歴史」**

「インド」「ペルシャ・メソポタミア」「エジプト」「ギリシャ」等の、古代の文化を学ぶ。

この段階で、子供たちは歴史の流れに入っていく。

様々な文化について知り、自分が過去から現在までの人類の大きな流れの一部であることを自覚する。

●六年生／テーマは**「我々人間の物語」**

この学年では、古代ローマについて学ぶ。「古代ローマ、神話から王国の成立まで」「古代ローマ、シーザーからキリスト教を国教とするローマ帝国まで」

この段階になると、子供たちは今までよりいっそう意識的に世界に踏み出す。

子供たちは、肉体的な成長が早まる。この肉体の変化に適応して、新しい物事に挑戦するようになり、この肉体の成長に対応して、知的にも発達し、個としての自分自身に対する自覚がいっそう強くなるので、それに対応した教育が行われる。

●七年生／テーマは引き続き**「我々人間の物語」**

この学年では、「中世とルネッサンスの時代」について学ぶ。

七年生で、子供たちは知識を広げ、今まで芸術や想像力に重心をおいていた勉強から、意識して知的な能力を磨く方向に向かう。

●八年生／テーマは引き続き「我々人間の物語」

この学年では「初期の近代社会」について学ぶ。

この八年生で、一年生から持ち上がってきたクラス・ティーチャーの期間が終わる。この学年を通じて、子供たちは徐々に専門科目の教師からそれぞれの教科を学ぶ方向に移っていく。

この成長の段階になると、これまで視覚と想像力に頼っていた能力が思春期に入るとともに薄れていく。その代わり、直感的に物事を掴む能力が育まれていく。

●九年生

この九年生から、今まで専門教科以外はメインレッスンもすべて教えてきたクラス・ティーチャーは外れ、クラス・ガーディアンが学級を受け持つ。

クラス・ガーディアンは一学級に二人つくが、クラス・ティーチャーと違って、教育的な指導だけを行い、すべての授業は、それぞれの専門科目の教師が教える。

ティーチャーは教える人。ガーディアンは、保護者とか後見人という意味である。クラス・ティーチャーと、クラス・ガーディアンの違いはそこにある。

メインレッスン制度は九年生以降も引き続き行われるが、教えるのはその科目専門の教師である。

教科としては八年生までに教わってきたことの延長である。

基本科目として、英語、数学、理科、など。

選択科目として、地理、ドイツ語、音楽、歴史、視覚芸術、日本語、などがある。

また、グレネオンでは実践を重んじるので、実生活で役に立つ技を教えるが、その範囲は広い。作文、メディアの勉強、演劇、音楽、視覚芸術、陶芸、木工、料理、写真、コンピューター技術、法律などさまざまある。学校には陶芸や木工の部屋があって、木工道具も揃《そろ》っている。専門の教員が指導して、なかなか本格的なものを作る。

私の子供たちの作品を、いくつかお見せしよう（口絵2頁）。

上から、次女の作った三脚椅子。

これは、なかなか便利で、毎日食卓で水の瓶などを置くのに使われている（毎日使っているので、貫録がついている）。

次に、長男が作った台。

玄関ホールに置いてあるのだが、家に来るお客さんにこれは長男が高校の時に作ったのだと言うと驚く。

花瓶を置いたり、飾り物を置いたりするのに、具合がよい。我が家の玄関ホールには欠かせないものになってしまった（台についた棚に収まっているのは、長男が焼いた茶碗である）。

左下は、長女の作った物入れの木箱。

これは、古いカセットテープをしまうのに使っている。

右下は、次女の作った竪琴《たてごと》。

この竪琴は、シュタイナー・スクールが特別の愛情を注ぐ竪琴で、音量は小さいが素朴で味わいのある音色である。

職業訓練校でもないのに木工や陶芸をさせるとは日本ではほとんど考えられないが、グレネオンでは頭でっかちの知育重視ではなく、芸術と、実際の身の回りのものを作る技術などを身につけることを重要視するのだ。

このようにグレネオンでは実践を大事にする。シュタイナーの言う「理想的な人間」も、実践を通じてこそ、実現されるということなのだろう。

また、九年生以降もその年齢における精神の発展段階にふさわしいテーマが選ばれる。

九年生のテーマは**「対比的、対照的に見る世界」**

この年齢になると、子供たちは世界を批判的に見ることができるようになり、精神的な価値を問うようになる。しかし、まだ考えが幼いので、善と悪、黒と白のように物事を単純に対比的に、対照的に見る。この段階では、それでよい。

メインレッスンは自分の内なる精神と外の世界との葛藤《かっとう》を反映するものとなる。

●十年生／テーマは「釣り合いの取れた世界」

生徒たちは、自分を取り巻く環境と自分との関係についていっそう考え深くなる。生徒たちは、生きていく中での正義と理想を悟らなければならない。

しかし、九年生の時のように、善悪、白黒と決めつけず、釣り合いの取れたものの見方をするように、導かれる。

メインレッスンはそれを反映するものとなる。

また、オーストラリアでは、十年生までが義務教育であるので、義務教育修了資格試験の準備もしなければならない。

この義務教育修了資格試験はニュー・サウス・ウェールズ州で統一して行われるもので、それぞれに点数がつく。

十年生で義務教育を終えて社会に出ていく者には、この点数が就職の際などに、効いてくることもある。

●十一年生

オーストラリアでは七年生からをハイスクールといい、日本の高校一年生に相当する十年生までが義務教育であり、グレネオンでは十一年生からシニア・カレッジという。

テーマは**「分析的に見る世界」**

これまでに強力に積み重ねられてきたカリキュラムによって生徒たちには全人格的な基礎がしっかりと築き上げられ、その上にこれまでの教育の成果が実ってきている。

この時期の生徒たちの、思考と感情の中には、理想主義と真理の探求心が強くなっている。

十年生では釣り合いの取れたものの見方を身につけるが、この年になると物事をもっと細かく分析して捉え、考えるように導かれる。

学習内容も、それに応じて、さらに理想と真理の探究を推し進めるものが選ばれる。

また生徒たちは、十二年生の終わりに行われる高校卒業資格試験に備えた勉強にもとりかかる。

●十二年生／テーマは**「統合、全体像」**

この学年では、ほとんどの科目において、異なる要素をまとめあげて統合された像を描くように導かれる。

例えば、地理では世界を各地域の経済的構造と、それぞれの社会を動かしている政治・宗教などの概念、の二つの側面からまとめて統合的に理解するように努める。

また、物質の原子構造についても物理、化学の両面から統合的な像を描くようにする。

これが、この学年のテーマの「統合、全体像を描く」ということの意味である。

様々な要素をまとめあげて世界の全体像を掴むこと、それが目的である。世界の全体像を掴むことで、自分自身の存在と、存在の意義の確認も可能になる。

ルドルフ・シュタイナーの言うように、「人々が自分の判断力に正当な自信を抱いて、この世界における自分の居場所を見出すことを可能にする」ことが重要なのである。

十二年生は、高校卒業資格試験のための勉強をしなければならない。

また、オーストラリアの教育制度では、十二年生までで高校教育は終わりだが、シュタイナー・スクールではシュタイナー教育の最後の仕上げをするために、十三年生の学級を用意している。シュタイナー教育を徹底させたいと考える生徒は、十三年生に進むことができる。

私の次女は、十三年生まで進んだ。

グレネオンは試験に気を配らないといっても、高校卒業資格試験でよい点を取ることは生徒たちの将来に大きな影響を及ぼすので、グレネオンとしても、それに力を入れなければならない。

医学部などの人気のある学部に入学するためには、平均点を九十五点以上取らなければならない。

高校卒業資格試験に力を注ぐ結果として、シュタイナー教育を完全に終わらせることができないという不満が起きてきて、そのために、シュタイナー教育を完璧に行うために十三年生が設けられたのである。

全人格的な可能性を持った人間を育てる

これが、幼稚園から、十二年生までのグレネオンのシュタイナー教育のカリキュラムである。ここまでの教育によって、生徒たちはシュタイナーの言うように「自分の判断力に正当な自信を抱いて、この世界における自分の場所を定めることができる」ように教育されてきたことが分かるだろう。

グレネオンの教育は全人格的にすべての面で発達した完全な人間を目指している。学業だけができるのでは意味がない。

先に述べた、シュタイナーの理想的な人間とは何か、もう一度書き記す。

「世界と人間の歴史と文化について十分な知識があり、実用的な、また芸術的な能力を持ち、自然に対して畏敬の念を抱いて自然との共存を大事にし、人生において政治的、経済的な難問に直面しても、自らの自由意志で自分から行動できる人間」

別の言い方をすれば、

「芸術を自分の生活の一部とし、他の人間との調和、社会との調和、自然との調和を大事にし、理想の追求、真理の探究を常に目指し、社会的な問題に対しては積極的に関わって自分の責任を果たすことのできる人間」

とも言えるだろう。

まさに全人的な教育である。

このようなことを書くと、「理想主義的なきれいごとばかり並べ立てた、自己満足に過ぎない。現実はもっと厳しい。世の中そんなきれいごとは通じない。現実の世界の競争に打ち勝つ教育が必要だ」などと、嘲笑《ちょうしょう》する人間が少なくないだろう。

人生に対する考え方、態度、は人によって千差万別だ。

グレネオンの教育を嘲笑するのもその人の生き方だろう。

だが現実に、グレネオンでは、大勢の教師がそのような全人教育を目指して懸命の努力をしており、また、自分たちの子供にそのような教育を受けさせたいと願う親がグレネオンに集ってきている。

子供に厳格な規律や躾《しつけ》を教えることを望む親、学業の成績第一主義の親はグレネオンを「おかしな、特殊な学校」と受け止めて敬遠するが、学業成績について言えば、グレネオンは実はよい成果を挙げている。高校卒業資格試験の得点から見れば、ニュー・サウス・ウェールズ州の全高校の中の上位一〇パーセント内に入っているのである。

子供によって、性格も資質も違うから、教師や親の意図した通りに育つとは限らない。すべての子供に成果が挙がるとは限らない。

しかし、私は、そのような、全人格的な可能性を持った人間を育てあげようとする教育の過程が、非常に価値のあるものであり、この教育が真に人生を生き抜く力を与えるものだと信じている。

学力で子供を切り捨てる日本の進学校

最近、日本有数の進学校の内実をその卒業生が語っているのをある本で読んだ。

その学校は、中学一年から高校三年までの一貫教育であり、その最終的な目標は、一流大学、特に東京大学にできるだけ多くの生徒を入学させることだとはっきりさせている。

この学校は、よい大学に入ることを一番の価値においている現在の日本の教育体制の中では非常に高く評価されていて、その学校を出ているというだけで、一目置かれる。

一学年は二百人ほどで、日本中から受験秀才が集まってくる。その中学に合格するためには小学校の三年生の頃から、塾通いを始めなければならない。

難しい入学試験に合格して入ってきたので、中学生の頃からすべての生徒が特別な秀才意識を持っている。

凄いのは、入学したからといって安心できないところである。毎学期の中間試験、期末試験の度に、成績の悪い生徒には教師の方から「もう辞めた方がいい」と肩叩きをしてくるという。「君なんかいない方がいいよ」「辛いでしょ」「高校へ上がっても苦しいだけだよ」「他の学校に移ればお山の大将だよ」などと言われる。

それで、中学三年の終わりまでに二百人のうち五十人を辞めさせて、その分、高校一年で補充する。

その高校から入ってくる生徒たちも受験秀才だが、中学からの生徒とは学力に差がある。なぜなら、その学校では、中学一年の一学期で普通の学校の中学三年生くらいまでの勉強を終わらせ、中学三年生で高校までの六年間分を終わらせてしまうからだそうだ。

日本中から受験秀才を集めて猛勉強をさせ、高校に入るまでに高校でするべき勉強を終わらせているから、高校三年間はひたすら大学入試のための訓練を受ける。

その結果、その学校は、東京大学の入試合格者数で、常に最上位校の中に入っている。

その学校の卒業生は、そのような学校の内部の様子をとびきりの秀才たちが集まった特別の集団、として語っていた。

この学校が日本で高く評価されるのは、東京大学の入試合格者を大勢出すからである。

それだけの理由である。

それ以外にその学校が高く評価されるところはない。

その学校の授業の特徴として知られているのは、中学三年生までに高校三年までの過程を終わらせていて、高校三年間を大学受験の準備のために使う、ということだ。

中学三年生までに、高校三年までの勉強を終わらせるには、どれだけの勉強をすればよいのか、私などには理解できない。

凄まじい勉強をするのだろうということだけは、中学一年生の時の二百人の内、五十人が中学三年生までに切り捨てられるということから、想像できる。

人間はその年齢による発展段階がある。その発展段階に応じた教育をするべきである、というのがシュタイナーの考え方だ。

中学三年生の精神の発達段階で、高校三年生に適している程度の勉強の内容がしっかり身につくのだろうか。

試験でよい点数だけを取れればよいという、表面的な知識と技術の詰め込みに終わりはしないか。

それより気掛かりなのは、中学一年の十三歳から高校三年の十八歳までの一番精神の発達する時期に、受験勉強に追われて、人間としての教養を養う習慣を身につけられるのだろうかということだ。

人間としての教養とは、文学、音楽、美術、等の芸術。そして、試験の科目としてではなく人間性の深奥を学び取るための世界史、宗教、思想、科学等に対する知識と理解だ。

もちろん、そのような教養が十八歳までに十分につくことはないだろう。しかし、教養の基礎としての素養、教養を養おうという習慣は身につけることができる。

教養の基礎としての素養を身につけておらず、教養を養う習慣も身についていなければ、後になって教養を身につけるのは難しい。

もちろん、中には受験勉強もこなし、同時に、教養を高めることに努力している飛びきり優秀な生徒がいることも知っている。

だが、大半の生徒はその厳しい受験勉強を乗り越えるのに精力を使い果たしているのが実情だろう。

受験秀才が日本を劣化させている

東京大学の学生の中で、欧米の一流大学の学生と全人間的な教養の点で肩を並べることができる者は少数だという。

受験技術を叩き込まれるだけの生徒と、全人格的な教養を身につけるように教育された生徒とでは、基本的な全人格的な能力に大きな差がある。基本で差がついているから、大学を卒業する段階でさらに差がつく。

理科系でも、全人格的な教養の差は表れるが、その人間が理科系の世界にとどまっているかぎりあまり目に付かない。

さらに理科系の場合、理論の構築、理論の証明、実験結果の提出、などはっきりと形に見えた結果を出さなければならないから、否が応でも勉強せざるを得ない。

問題は、文科系だ。

文科系の場合結果がはっきりと見えないし、求められないから、あいまいで過ごす。仏文科の学生が、日本語に訳されたフランスの本を読んで卒業論文を書く、などというのは珍しいことではない。というより一般的だ。

受験勉強の害として、受験がすめばそれで目的は達したのだから、それで勉強はおしまいだと思ってしまう。また、日本の大学はいったん入学してしまったら、余程のことがないかぎり卒業できてしまう。アルバイトで時間を使い、そのアルバイトで稼いだ金で遊んで時間を使い、結果として勉強に使う時間を失っている大学生が少なくない。

シュタイナーが教育で重要と考える、死ぬまで勉強をし続けるという態度が身についていないから、受験がすんだ後まで勉強しようという強い動機が浮かんでこない。結果的に四年間、まとまった学問をせず、のんべんだらりと過ごす者が多い。

文科系で勉強するのは、司法試験などの資格試験を受験する学生だけだろう。しかし、そのような資格試験は、人間として大事な教養や全人格的能力を養う本当の勉強ではない。

日本の文科系の大学の卒業生の学力も教養も、欧米の大学の文科系の卒業生に比べると甚だしく低い。

日本の外交や経済政策が拙劣なのは、外交官僚、経済・財政官僚が基本的な教養の面で欧米の同等の地位の人間に比べて甚だしく劣っているからだ。

もう一つ、競争に勝つことを教える受験勉強中心の教育で、何が正義で何が不正義か判断できる道義心が養われるだろうか、という問題がある。

九〇年代は、日本にとって失われた十年間と言われている。

バブル経済を経済官僚の稚拙な政策のせいで、軟着陸させることができず、乱暴に破裂させてしまった。しかも、その後の処置がさらに拙劣で後手後手と回り、金融機関の連鎖的破綻《はたん》を招き、日本の経済は一気にしぼんでしまい、多くの国民が苦しみを味わった。

そのさなかに、当時の大蔵省の幹部たちが、ここではとても書く勇気が起こらない下劣な接待を受けて業者に便宜を図ったり、大蔵省の中枢と言われる主計局の高級幹部が、その大蔵省の執務室で業者から金を受け取ったりしていた事実が明るみに出た。

自分たちの無能さゆえに日本の経済を破綻させた大蔵官僚が、自分たちのせいで多くの国民が苦しんでいるというのにその責任もとらず、償いもせず、それどころか浅ましい汚職をやってのける。

その大蔵省の高級幹部はすべて東京大学の出身で、しかも公務員試験で最上級の成績を挙げた者ばかりだった。

受験秀才の正体がこれである。人間としてのまともな心を持っていない。人間としての基本的な教養と徳義を欠いた単なる受験秀才であるからこそ、このように小狡《こずる》く立ち回って醜態を演じるのだ。

このような人間を輩出する東京大学、その東京大学に学生を送り込む有名受験校。

そんな大学にも、そんな大学に合格する生徒を養成するだけが目的の受験校にも、一体何の価値があるというのか。

受験技術のみに重点を置く教育が、教養がないだけでなく道義心も欠いた官僚を作りだしているのではないか。

二〇〇八年の東京大学の入学者総数は三千百五十三人。

その内、大学入試で好成績を挙げるいわゆる受験校からの入学者数は、第一位の高校から百八十八人、第四十五位の高校から十七人。第一位から第四十五位までの受験校からの入学者総数は千六百五十七人。

東京大学の入学者総数三千百五十三人の実に五二パーセントが、そのような受験校出身者である。

ここに東京大学の危険性があるし、東京大学を高級官僚の供給源としている日本の危険性がある。

これらの受験校では、受験勉強のために必要な学力と受験技術を叩き込むことに最大の重点を置いている点で、先ほど例に挙げた有名受験校と変わりがない。

全人格的な素養を身につける教育は後回し、あるいは顧みられることがない。

受験校出身者のすべてが、全人格的な素養に欠けているとは言わない。しかし、受験勉強一辺倒の教育過程を勝ち抜いて、しかも十分な全人格的素養を身につけることができるのは、一部の極めて優秀な学生に限るだろう。

受験のための勉強か、理想を目指すための勉強か

私が日本を逃げ出したのは、今例に挙げた有名受験校が一番高い評価を受ける日本の教育制度に耐えられなかったからだ。

この有名受験校の教育方針は、グレネオンの教育方針の対極にある。

中学三年生までに、試験の度に成績の悪い生徒に退学を迫るとは何と非人間的なことだろうと私は思う。退学を迫られた子供の心の傷は終生癒《いや》されることはない。自分自身で自分を高く評価できなくなり、劣等感にさいなまれるだろう。

試験の点数が悪ければ、その理由を探って、次によい点数を取れるように指導するのが教育というものではないのか。切り捨ててしまっては、教育ではないだろう。

グレネオンでは九年生、日本の中学三年生になるまで、試験は行われない。試験を行っても、全人格的な教育を第一に考えているから、学力だけでその生徒を評価するということはありえない。

学力が低いからといって退学を促すような無残なことは想像もできない。

前述のように、この有名受験校の教育目的は生徒たちを日本で一流とされている大学、特に東京大学の入学試験に合格させることである。受験秀才を全国から集め、さらにいっそうの受験秀才に育て上げる。それが、この学校の教育である。

入学試験が終わった段階で、受験校の教育は終わる。その学校の意味も消滅する。

グレネオンでは幼稚園から十二年生まで子供の成長に合わせて綿密に組み立てられたカリキュラムを積み重ね、シュタイナーの考える理想的な人間を目指した教育をしていく。大学入試が目的ではなく、全人格的な教育が目的だから、グレネオンを卒業した後も、死ぬまで勉強を続ける態度を築き上げるように導く。

卒業した段階で、グレネオンの教育が終了し、断絶するわけではない。

グレネオンのカリキュラムは、子供の将来を見通し、子供の将来に橋を架ける。

受験のための学力と受験技術を教え込むことをカリキュラムとする学校と、子供の将来を見通して、理想的な人間を育て上げるためのカリキュラムを持つ学校と、そのどちらを選ぶのか、それが私と連れ合いにとって、人生の大きな選択だった。

第五章

一冊の本を作る授業

メインレッスンには教科書がない

グレネオンの教育方針は前章の「シュタイナー教育のカリキュラム」に書いた。

グレネオンを始めシュタイナー・スクールで特徴的なのは、全体的なカリキュラムに沿って行われるメインレッスンである。

そのメインレッスンがどんなものなのか、私の子供たちが残したメインレッスンのノート、メインレッスン・ブックをお見せしよう（子供たちがグレネオンを卒業してから、長男長女で十三年以上経っている。その分、ノートはみんな古ぼけている。それに、人様にお見せするような代物ではないのだが、グレネオンのメインレッスンはどんなものであったか説明するために、恥を忍んでお見せする）。

メインレッスンの科目は、グレネオン独特の科目もあるが、数学、理科、歴史など普通の学校の科目と変わらない。ただ、授業の仕方が普通と異なる。

まず、教科書がない。授業内容はすべて担任の教師が作るのだ。

私は中学生の時に、教師用の「アンチョコ」なるものが存在することを知って驚いた。「アンチョコ」は教科書ごとに存在していて、教科書の内容を詳しく説明してあり、それをどのように教えるか、教え方まで書いてある。

教師がそれを使って授業をしていると知ったときには心底驚き、教師に裏切られたような思いがして落胆した。同時に激しい軽蔑心を抱いた。

教科書を開いて偉そうなことを言っているが、「アンチョコ」を読んでるだけじゃないか。それなら、先生、あんたでなくても誰でもできるでしょう。生徒が試験でカンニングをするのとどこが違うというのだろう。

同級生のはしっこい奴《やつ》はどこからかその教師用の「アンチョコ」を手に入れてきて、「これで試験はばっちりだ」と得意がっていた。事実、試験問題は、その「アンチョコ」が重要であるとした箇所から出たという。

実は長女は、グレネオンを卒業してニュー・サウス・ウェールズ大学で環境科学を専攻した後、自分の母校グレネオンに戻り、高校の科学の教師になった。

長女は、どうしてこれが私の娘なんだろうと不思議で仕方がないくらい、恐ろしく真面目で不正やごまかしは絶対許さないという水晶より硬い性格である。私は大変に不真面目な人間なのだが、連れ合いの親族は全員恐ろしい真面目人間ぞろいで、連れ合いの姉は、私が思わず「お姉さん、どうしてそんなに真面目なんですか」と聞いてしまったくらい、生真面目な人柄だ。長女は私ではなく連れ合いの方の遺伝子をもらったものと思われる。

その真面目一辺倒の人間が、地球の環境を守ろうという環境科学を専攻したからたまらない。私が朝洗面をして、水を流しながら歯を磨いていると飛んできて、水道の蛇口を締めて怒る。「使わないときに水を流しっぱなしにしたら駄目でしょう」

一事が万事この調子である。一時期私はブッシュ・ドライブのためにディーゼル・エンジンのランド・クルーザーを持っていたのだが、長女に、ディーゼル・エンジンがいかに環境に悪いかこんこんと説かれて困惑した。折りも折り、その車がレバノン人の車窃盗団に盗まれたので、盗難保険金でガソリン・エンジンのランド・クルーザーに買い換えた。

真面目な人間ほど怖いものはない。彼らは自分が絶対に正しいと思っているから手がつけられない。事実、正しいんだけれど、だから余計に困る。

私のような、遊びののりしろを持った方がよいと思うのだが、それは不真面目人間の、引かれ者の小唄《こうた》というやつか。

いや脱線した、グレネオンの教育現場の話である。

長女はこの勢いで、生徒たちに科学を教えるから、かなり厳しい先生のようである。しかも、グレネオンは自分の母校だ。実家に帰ったようなものである。クラス・ガーディアンも務めていて、この間まで自分も生徒の一人だったことを忘れて、担任の生徒たちを締め上げている。

しかし、そのメインレッスンの準備ははたで見ていて息が詰まるほど大変だ。

長女の場合は科学を教える。生物、化学、物理、数学などを教える。当然、自分の専門の環境問題を組み込む。

教科書がないから、教材はすべて自分で作らなければならない。科学の教師だからといって教える内容にすべて通じているわけではない。まず自分で勉強し直す。これが大変だ。

山のように本をテーブルに載せ、読み返し、授業に必要な箇所を選び出す。

場合によっては、授業中に生徒に見せるためのＤＶＤを私に手伝わせて作りもする。

その授業内容は、いかに生徒たちに科学に興味を持たせ、正確な科学の知識を身につけさせるかということに重点を置いている。日本の本屋に行くと「受験のための生物」とか「〇〇大学への物理」などという本が並んでいるが、グレネオンの科学の授業は、まず生徒たちに科学に興味を抱かせ、科学に目を開かせ、科学の本質を理解させることであって、受験でよい点数をとることを目標とする授業とは志が違う。

この段階で日本式の全国一斉学力試験などというものを受けたらよい点数はとれないかもしれないが、科学の本質を理解し、科学に対する目が開かれているので、後になって本格的に科学を勉強すると一気に伸びる。

日本の受験勉強は受験が終わった段階で目的が終了するわけだから、そこで教育は終わる。しかし、シュタイナー・スクールはその子供の未来へ向けての勉強だから、学校を卒業した段階で教育が終了することはない。死ぬまで勉強を続ける態度をつくることがシュタイナーの教育方針である。

それだけの授業内容を準備するのだから、教師の負担は極めて大きい。娘は、毎日夜中過ぎまで準備にかけている。

翌日授業を終えて夕方帰ってくると、精根尽き果てたといった感じでソファに丸まって寝てしまう。

そして夕食後、また深夜過ぎまで翌日の授業の準備に没頭するのである。

だから、土曜日の朝は思いきり寝坊をするし、土曜の夜は遊ぶ。

しかし、日曜の午後から、また翌日の準備に取りかかる。結局一週間のうち、ノンビリできるのは土曜日一日だけということになる。

三週間のメインレッスンが終わると、ぐったりとなっている。持っている体力すべてを使い果たしてしまっている。ここまで、献身的に生徒に尽くす教師には、私は自分の中学高校時代を通じてただの一人も出会ったことがない。

私は長女に、「中学や高校の時に、お前のような先生に教わりたかったよ」と言っている。私の本名は戸塚という。長女の生徒たちは「とつか」を縮めてトッツィと呼んで慕っている。長女も、自分の生徒たちを「私の子供たち」と言って大事にしている。

長女のメインレッスンの準備を見ていると我が娘ながら頭が下がるが、長女に限らない、グレネオンの教師は誰もがメインレッスンの準備に精根傾ける。

グレネオンは小さい学校なのに、高校卒業資格試験で高得点をとると新聞で取り上げられたりするのも、結局はこの教師たちの熱意が生徒たちの基本的な学力を十分に養うので、受験勉強をするとなるとその実力が発揮されるからだ。何をするのにも、基礎が大事だ。人間としての基礎ができていない者は、最終的に成功しない（これは、私が六十年以上かけて摑んだ真理だ）。

美的感覚を発揮する場

では、数学、理科、地理、歴史など同じような科目を教える他の学校とどこが違うのか。その実際を見ていただこう。

グレネオンでは、教科書がないが、メインレッスンが一つ終了すると、子供たちが授業の時に取ったノートがメインレッスン・ブックとして仕上がり、それで、そのメインレッスンの教科書が出来上がることになる。ノートを取るのではなく一冊の本を作るのだ。

担当の教師が、自分の学んできたことの中で、大事なことは、黒板に書く。

説明に必要な絵や図は教師が学び、自分で探しだしてきた結果を、プリントで渡したり、黒板に最大限の美術的な能力を発揮して描く（グレネオンの教師になるためにはある程度、絵が描けなければならないようだ）。

生徒は教師の教えることをノートに取るのだが、教師が黒板に書いたものを写すだけではない。

メインレッスン・ブックとしてまとめる際に、自分で勉強したことなども、書き込む。集めてきた資料を貼《は》り込んだりもする。

しかも、ただメインレッスン・ブックを作るだけでなく、それぞれが自分の持つ美的感覚を最大限に発揮する。

次女は、自分が昔作ったメインレッスン・ブックを見て、「あの頃は、本当にメインレッスン・ブック作りに熱中したわ。字体から、挿し絵から、ページの周りの装飾まで、ものすごく意気込んでいた」と言った。

話だけでは分かりづらいと思うので、実際に私の子供たちが作ったメインレッスン・ブックを見ていただこう（口絵3頁）。

子供たちにとって、自分たちの作ったメインレッスン・ブックは生涯の宝物なので、めいめいが段ボールの箱に入れて大事に保管している。

それを、ここに並べてみた。これは、子供たちの保管しているメインレッスン・ブックのほんの一部である。全部はとても並べきれない。

左の列から、長男、長女、次女、次男の作ったメインレッスン・ブックである。

メインレッスン・ブックは日本の学校で使うノートとは違って、画用紙のような無地の厚い紙を綴じたもので、学校から与えられる。

教科書がなく、一つのメインレッスンが終わると、出来上がったメインレッスン・ブックが教科書になると書いたが、子供は自分たちが作るメインレッスン・ブックを一冊の本に仕上げようという意識を強く持っている。

単に授業の内容を記録するだけではなく、自分の美的感覚、創造性を発揮することに熱中する。

だから、同じ授業を受けても、出来上がったメインレッスン・ブックは生徒ごとにまるで違ったものになる。基本的な内容は同じだが、表現の仕方にその生徒の趣味と感性が表れる。趣味と感性を表現することなど、美術の時間だけだと思われるかもしれない。

ところが、そうではない。

長男と長女の「Maths in man and nature」のメインレッスン・ブックを見ていただきたい（口絵4頁）。右側が長男のメインレッスン・ブック、左側が長女のメインレッスン・ブックの表紙である（上の写真）。

まず、数学のノートとは思えない表紙であることが面白いし、二人がまるで異なるデザインであることも面白い。

長男と長女は双子であって、グレネオンは長男と長女の学年には一学級しかない。二人は、同じ学級で、全く同じ時間に同じ授業を受けている。それなのに、表紙だけでこれだけの違いが出る。

さらに、表紙をめくって扉のページになるとまた違う。右が長男のメインレッスン・ブック、左が長女のメインレッスン・ブックである（下の写真）。

同じ授業を受けて、これだけ違ったメインレッスン・ブックが出来上がるのも面白いが、美術のノートならともかく、数学のノートに、色使いとデザインにどうしてここまで凝るのか、日本の常識から考えたら無駄なことのように思えるのではないだろうか。

この「Maths in man and nature」は、人体や自然界に表れている数学的要素を学ぶ科目であって、それ自体が面白い着眼点の科目である。

長女のメインレッスン・ブックには、自然界の巻き貝のらせんと、対数のらせんとが対比してある（口絵5頁上の写真）。

また、同頁下の写真を見ていただくと、左側の長男のメインレッスン・ブックのページでは、人間が目で見て心地よいと思う黄金分割について、右側の長女のページでは、人体が五角形に収まることなど、人間の感性と体と数学の関係を考察している。

ピタゴラスの定理は美しい

子供たちによって、同じ授業でも出来上がるメインレッスン・ブックが異なる例をもう一つ示そう。

グレネオンでは、七年生（中学一年生）で必ずピタゴラスについて学ぶ。ピタゴラスの定理と同時に、ピタゴラス時代の昔の数学について学ぶ。

私の四人の子供それぞれが、七年生の時に作ったピタゴラスについてのメインレッスン・ブックを並べてみる（口絵6頁）。

上段左が長男、右が長女、下段左が次女、右が次男の作ったピタゴラスについてのメインレッスン・ブックの表紙である。

長男と長女は同じ学級だったので字体が同じだ。しかし、長男は表紙の裏で火が燃えていて、表紙に穴が開いてそこから燃えている炎が見えるデザインになっている。長女は真面目な性格を表して文字だけの簡潔なデザインである。次女は木の葉を貼り付け、次男はどこからか持ってきたピタゴラスの肖像を使ったコラージュで飾ってある。

表紙の次の扉がまた四人で違う（7頁）。

上段左が長男、右が長女、下段左が次女、右が次男である。

これは、何も教師や親が競わせているわけではない。

グレネオンでは、芸術を非常に重んじる。美的感覚を養うことに力を注ぐ。

そのような教育を受けているから、子供たちはメインレッスン・ブックを一冊の美しい本として仕上げることに熱意を持ち、必然的にそこに自分の美的感覚を最大限に振るう。その結果が、それぞれの子供の個性を発揮したものとなるのである。

先ほどの数学についてもそうだが、受験勉強第一の日本の教育から見れば、ピタゴラスについてのノートに美的感覚など必要ないだろうと思われるかもしれないが、シュタイナー教育の考えからすると、ピタゴラスの定理は非常に美しい、美しいものは美しく表現してこそ真の理解が得られるのである。

ピタゴラスの定理とは、ご承知のように、直角三角形の、斜辺の二乗は直角を挟む二辺それぞれの二乗の和に等しい、というものである。

シュタイナーは、バルドルフ・スクール（シュタイナー・スクール）の教師たちの研修の際にも、このピタゴラスの定理を教授法の一例として使うくらい、ピタゴラスの定理の美しさに惹かれていたようである。

私などが中学で教わったときは、ただの、$a^2+b^2=c^2$という数式を機械的に教えられただけで、ピタゴラスの定理の持つ美しさなど、考えもしなかった。

しかし、シュタイナー・スクールでは、様々な形で、ピタゴラスの定理の説明をする。それをメインレッスン・ブックで見てみよう。

まず、長男のメインレッスン・ブックである（口絵8頁上の写真）。

左のページにPythagcras Theorem（ピタゴラスの定理）とえらく凝った飾り文字で書いてある。

その下に巻紙のようなものを描いて、その上に、ピタゴラスの定理が記されている。

その巻紙の横に、なぜか可愛い花が一輪添えられている。

そして、右のページに、ピタゴラスの定理が図示されている。

直角三角形の各辺の二乗とは、各辺を一辺とする正方形の面積に他ならないから、各辺の上に正方形が乗ることになる。

ここに描かれた直角三角形は、各辺の比率が3：4：5である。単位は何でも構わない。各辺を二乗すると、各辺の上にその単位を一辺とした正方形のマスが、それぞれ、9個、16個、25個できることになる。

$9+16=25$となる。

このように、その斜辺の上に乗る正方形の面積が、他の二辺の各辺の上に乗る正方形の面積の和に等しい、というのがピタゴラスの定理の一つの表現の仕方である。

数式で $a^2+b^2=c^2$ と書いても、「はあ、そういう数式が成り立つのか」と思うだけだが、このように、各辺の上に乗る正方形を描いて表現されると、ピタゴラスの定理の持つ意味の深さ、不思議さに打たれる。これがすべての直角三角形で成立するということが、ますます不思議な感じがする。

ページをめくると、左のページに橋げたの斜めの支えの棒の長さ、納屋に立て掛けたはしごの長さ、などをピタゴラスの定理を使って計算する数式が示されている（8頁下の写真）。

右のページに、ルドルフ・シュタイナーによるピタゴラスの定理の証明の図が描かれている。この証明法はちょっとパズルじみているので、注意して見ていただきたい。

一番下の緑色の直角二等辺三角形の底辺の二乗は、緑色二つと赤色と橙《だいだい》色の三角形がつくる正方形の面積に等しい。右辺の二乗は、右側の緑色と紫色の三角形を合わせた正方形の面積に等しい。左辺の二乗は、赤色と左側の緑色の三角形を合わせた正方形の面積に等しい。

二等辺直角三角形だから、すべての三角形は形も大きさも等しい。紫色の三角形を橙色に重ね、左側の緑色の三角形を下の緑色の三角形に重ねると、底辺の二乗がつくる正方形と重なるわけだ。

これで直角三角形の底辺の二乗は、他の二辺の二乗の和に等しいことがわかる。

直角二等辺三角形というのは、直角三角形の中でも特殊な形だが、直角三角形である以上ピタゴラスの定理が当てはまるわけで、その証明をこのような図形を使ってパズルのような方式でするのも興味深い。

受験数学にはない、神秘的な魅力

このような形で学ぶと、ピタゴラスの定理が非常に神秘的で奥の深い美しさを持ったものであることが分かる。

ピタゴラスがこの定理を発見したときに、どんなに自分で感激し、感動したことか、それがこちらの心に響いてくるのである。

数学嫌いの人間は数学を無味乾燥なもののように思っている。それは、試験でいかに間違えずに正しい計算結果を出すか、そればかりを追求する受験数学に精神を痛めつけられたからだ。

科学万能の現在の社会の根底を支えるのが数学だ。数学がなかったら、電気もつかない、自動車も動かない、水道も流れない。すべての人間の活動の根底は数学によって支えられている。

しかし、そのような実用、応用の面だけに価値があるのではなく、数学は自然の不思議、宇宙の不思議、などを教えてくれる非常に根源的で神秘的な魅力を持つものなのだ。

その魅力と美しさをしっかり摑んでこそ数学が面白くなり、その結果、実用や応用に役立てる数学的な実力も身につくのである。

日本の学校でピタゴラスの定理だけをこれだけ集中的に学ぶことはないだろう。単に、「直角三角形の、斜辺の二乗は、他の二辺の二乗の和に等しい」ということを、数式で教わって、あとはそれで応用問題を解くだけで終わるだろう。一学期の数学の時間の中で三十分も使わないのではないだろうか。

そのピタゴラスについて、グレネオンでは三週間使って学ぶ。

それは、ピタゴラスが人類の数学の開祖と言える人物であり、ピタゴラスを学ぶことで数学の神秘、美しさ、不思議さ、の根本を掴むことができるからである。

長男はピタゴラスの定理を巻き物に書いて、その横に花を添えたりしたが、他の生徒も同じように一生懸命ピタゴラスについて美しい本を仕上げようと努力する。

そのように感性を動員することで、ピタゴラスの定理を理解すると同時に、数学の持つ美しさ、魅力が生徒たちの心の中にしみ込む。

魅力が伝われば生徒たちは数学に心を開き、数学の次の段階に抵抗なく移っていく。少なくとも数字嫌いにはならずにすむ。

ここに、シュタイナー教育の真髄が表れていると私は思う。

数式だけを教えて事足れりとする知能優先の主知主義ではなく、感性を豊かにして、一つのことを学ぶのにもその豊かな感性を動員して学ぶ。美しい色を多用するのも意味がある。

これが、一つの物事を学ぶときに深い理解を可能にするのだ。

数学のメインレッスン・ブックを美術のメインレッスン・ブックのように美しく仕上げることの意味はこういうところにある。

受験に成功すればそれでよしとして終わりになる日本の受験勉強第一の教育と、人間の持つ真の知的能力を開発して、死ぬまで知的な成長のために勉強をし続けようとする態度を植えつけるシュタイナー教育とでは、勉強に対する態度が大きく違うのである。

πを教える意味

ピタゴラスの定理が出たついでに、第三章で触れた円周率πについてグレネオンではどう教えているか、紹介しよう。

グレネオンでは、πについては八年生（中学二年生）で学ぶ。

まず、円について、円周、直径、半径、円の接線、接点などの概念を学んだ後に、πは円周を直径で割った値であり、

$$\pi = \frac{c}{d}$$ （cは円周、dは直径）

と数式で表しておいて、πはギリシャ語で円周を表す語（perimetros）の頭文字であること、πの値は、分数で表すことのできない無理数であり、途中で繰り返しのある循環小数ではなく、繰り返しのない無限小数であること、その不思議さが大昔から数学者たちを魅惑してきたこと、その実例として、十六世紀末から十七世紀初めにかけてのオランダの数学者、Ludolph van Ceulen（ルドルフ・ヴァン・ケイレン）は生涯をかけて小数点以下三十五桁《けた》まで算出したことを学ぶ（ついでながら、現在はコンピューターを使って一億桁以上が算出されている）。

さらに、πを計算する数式がいくつか示されて、最後に、πの値を英語で暗記する方法が教えられる。

（日本でも、πや平方根の値を語呂合わせで覚えるが、英語では、覚えやすい文章を作り、その一つ一つの単語の字数の数を、πの値のそれぞれの桁数の数字に合わせて覚える。例えば、πの

値の小数点以下八桁まで、3.14159265 を覚えるのに、How I wish I could recollect pi easily today. という文章を覚える。How の字数は3、I の字数は1、wish は4、という具合にして覚えるのだ。文章の意味は「今日、πの値を簡単に思い出せたらいいな」というくらいか。この、数字を単語の字数で覚える方法は面白い。国によって、言葉によって、いろいろな暗記法があるものだと感心した。)

グレネオンでは、πは昔から数学者を惹きつけてきた魅力ある特別の数であることを学ぶ。分数で表せない無理数、それも小数点以下が無限に続く無限小数、という不思議さ。それを計算するのにいろいろな式があること。

子供は好奇心が強い。

上っ面を流して教えられてしまっては何も感じないが、πとはこういうものだ、と中味をしっかり教えられると、その不思議さに強く打たれる。

πの小数点以下三十五桁を計算するのに一生を費やした数学者がいる、などと知ると余計に心を動かされ、興味を抱く。

もっと知りたいという向学心が起こる。

確かに中学二年生に、πの計算式を教えても難しすぎるだろう。しかし、この段階で、計算式の内容を理解する必要はない。πを計算するのにいく通りもの方式があることを知るだけでよいのだ。

それだけで、数学の面白さ、奥の深さを知るのに大いに役に立つ。数学に対して目が開かれる。

第二章に書いたシュタイナーの言葉を改めてここに記そう。

シュタイナーは、何か深い意味を持つ事柄を学ぶ場合に、その持つ意味を理解することは後でよいという。

まず、その事柄を、絵画的、造形的、音楽的、即ち芸術的に構成し展開することで体験させ、身にしみ込ませる。

その後一定期間をおいてから、同じ事柄をその持つ深い意味を知的に理解するという形で改めて学ぶと、子供に深い感動を呼び起こし、子供の感情、魂（心）の成長に優れた作用を及ぼす。

まさにその通りだと思う。

この段階で数式を理解できなくても、暗記できなくても、こんな数式と出会ったことの体験が興味と向学心を植えつける。

その心に抱いた興味や向学心が、それから先、高校や大学で一段上の数学を学ぶときに勉強を進めるのを容易にするのだ。

それに対して、日本のゆとり教育とやらで、πの値はただ3でよいとしてしまうのでは、子供に好奇心を起こさせず、不思議さも感じさせず、興味も抱かせず、数学に対する眼も開かせない。結果として向学心の芽を摘むことになる。

πを単に3でよいとする教育と、シュタイナー・スクールの教育と、どちらの教育を受けた人間が後で伸びるか、言わずもがなだろう。

それに、もう一つ気になることがある。日本でも、有名受験校ではまさかπをただの3とは教えないだろう。もっと進んだことを教えるに違いない。

あくまでも受験勉強の範囲で言うのだが、これではできる生徒とできない生徒との間に格差がつく。ゆとり教育というのは、できない生徒はできないままでよい、という教育格差を作る冷酷な教育方針ではないだろうか。

ピタゴラスとπについての学び方から、グレネオンの教育方針がはっきり分かっていただけると思う。

「真面目にやれ」と言われる教育

ところで、私は中学高校時代、教師たちに「真面目にやれ」と言われつづけて、本当にうんざりした。

私は少しも不真面目なつもりはないのだが、ちょっと他の生徒と違うことをすると、すぐに「真面目にやれ」と怒られた。

私は昔から、自分の内部から突き上げてくる「何かを表現したい」という気持ちを強く感じていた。

自分自身を表現したい。自分の感じたことを率直に表現したい。そういう気持ちが、きっかけさえあれば湧き上がってくるのだ。

今でも憶《おぼ》えているのだが、中学の美術の時間に、友人の肖像画を描くという課題が与えられたことがあった。

それぞれ隣に座っている友人の肖像を描くのである。

その時、私は友人の顔を描いていて、その日の光の当たり具合から、鼻に影をつけて、その影の部分に緑色を使い、顎《あご》の輪郭の部分に橙《だいだい》色を使った。

そこに、美術の教師が回ってきた。教師は私の描いている絵を見て、ぎょっとなった。しばらく私の絵を見ていたが、やがて私から数歩離れて立って、学級の生徒全体に向かって大声で言った。

「はい！　人間の顔に、緑だの橙色だのおかしな色を使う人がいますね。そんな不自然なことはやめましょう」

それは、明らかに私のことなのだが、学級の全生徒に向かってそう言うのだ。

同級生たちは、教師が私の絵について言っていることをすぐに悟って、私を見た。

私は、その教師の言い分が理解できなかったし、そんなことを他の生徒全員に言うことを不愉快に感じた。

人の顔を描くのに緑色や橙色を使って何が悪いというのだろう。光の当たり具合でできた鼻の影と、顎の輪郭の調子を表現するのに私は緑色と橙色を使いたかったのだ。人の顔の色として、緑色や橙色は不自然だというが、その時の友人の顔を描くのに、私にとっては極めて自然な色だったのだ。

私は教師の言葉を無視して、緑色と橙色を盛大に使い、ついでに紫色も使ってみた。

しばらくして、また教師が回ってきた。私の絵を覗《のぞ》いて目を丸くした。

再び数歩私から離れて立つと、怒りを露《あら》わにして、大声で険しい調子でみんなに言った。

「はい！　先生の忠告を聞かずに、ますます変な色を使っている人がいますね。そんな不真面目な態度で絵を描いても駄目ですね」

私は、やる気を全く失った。どうして、これが不真面目なんだ。一生懸命、思った通り、感じた通りを描いているのに。

出来上がって絵を提出したら、教師は横を向いて知らん顔をしていた。


些細なことだが、こんなこともあった。

高校二年生の時に、数学の実力試験があった。いつもの授業の試験と違って、大学受験に備えての特別の試験である。

その数学でえらく難しい問題が出た。

変数ｐとｑの関わる数式がいくつかあって、その数式を解くと、ｐとｑの関係を示す数式が得られる。

得られたｐとｑの関係式をグラフに描け、という問題だった。

この数式が微分、積分、高次方程式が重なったひどく複雑なもので、解くのが大変難しかった。

しかし、私は何とか解くことができて、ｐとｑの関係式が得られた。

今でも忘れないが、

$p^2+q^2=1$

という関係式だった。

これは、円の公式ではないか。

そこで、私は、縦軸にｐをとり、横軸にｑをとり、縦軸ｐと横軸ｑの交わる原点を中心として、半径１の円のグラフを描いた。

試験が終わって、級友たちが興奮して口々に言った。「あの問題、できたか。『新作問題演習』に載っていたやつだぞ」

当時、受験生たちの間で有名な「大学への数学」という数学専門の受験雑誌があった。この雑誌に載る数学の問題は難しいので有名で、受験生たちに一目も二目も置かれていた。

特に、時々発行される「新作問題演習」（単に「新作問題集」だったかもしれない）は数学の専門家たちが頭をひねって作った問題が載っていて、これまた難しいことでは極め付きだった。

実力試験の問題に、教師はその「新作問題演習」から拝借してきたというわけだ。

級友たちは、その問題が「新作問題演習」に載っているのはわかったが、きちんと解法を勉強していなかったので、できなかったと悔しがった。

できたのは、その問題が「新作問題演習」に載っていることを知らなかった私だけだった。私はすっかりいい気になって、友人たちに「どんなもんだい」と威張った。

ところが、試験が返ってくると、私の解答には丸が付いてあるが、五点減点されている。

一体どういう訳なのか。

納得がいかないので、教師に聞きに行った。「僕の答えはちゃんと合っているじゃありませんか。どうして五点減点なんですか」

すると教師は言った。

「お前は、ｐを縦軸にとり、ｑを横軸にとったからだよ」

私は驚いた。

「僕は、ちゃんと、pを縦軸にとり、qを横軸にとると断ってあるじゃありませんか。どこにも間違いはありません」

それを聞いて教師は、声を荒げて言った。

「お前なあ、世間では、a、bとあったら、aが横軸、bが縦軸。p、qとあったら、pが横軸、qは縦軸、と決まってるんだ。それが常識というもんなんだよ。お前が、実際の大学入試でこんな非常識なことをするといけないから、親心で五点引いてやったんだ。常識を守れ。真面目にやれよ」

私は、あきれかえって言葉も出なかった。

ちゃんと、pを縦軸、qを横軸と断っておいたのに、それを認めない。おまけに原点を中心とした円のグラフだ。pとqのどちらを縦軸にとろうと横軸にとろうと、グラフの形は変わらない。何から何まで常識通りでないと駄目だというのだ。第一、そんなことが常識だなんて誰が決めたというのだろう。

個性を摘み取られない教育

なぜこんなことを突然思いだしたかというと、長男のメインレッスン・ブックを見たからだ。

口絵185頁の写真を見ていただきたい。

下の写真は、七年生の時の「人体生理学」のメインレッスン・ブックの表紙である。

まず、この表紙からして、勉強のメインレッスン・ブックとは思えない。日本で「人体生理学」のノートの表紙にこんなものを描いたら、教師に呼びつけられて、こっぴどく叱られるだろう。

その中を見てみよう。

同頁上の写真は、脳の神経細胞と、脳髄の組織を学んだ図である。

左のページのニューロンについてはまだよい。問題は右のページだ。

長男は、まず、ページいっぱいに恐ろしく大きなプールを描いた。プールは水がいっぱいに張ってあり、下から長いはしごが掛かり、プールでは人間が一人おぼれかかって両手をあげている。そして、そのプールの壁に人間の頭が描かれ、その中の脳髄の組織図が描かれている。しかも、その人間の顔たるやこっけいで、頭の天辺《てっぺん》に豚のしっぽのようにくるりと丸まった毛がついていて、しかもリボンが結んである。

脳髄の組織図を描くのに、どうしてこんな奇怪なプールをまず設定し、その壁に脳髄の組織図を描く、という不思議なことをしなければならないのか。その答えは長男にも分からないだろう。

ただ、長男はこのような設定をしたかったのだろう。

ふざけているようだが、脳髄の組織はしっかり描かれている。脳髄の勉強をいい加減にしているわけではない。

口絵186頁は「A Research Project」といって、自分で何か研究をしたリポートをまとめたメインレッスン・ブックである。

この表紙（下の写真）も、かなり変わっている。

それには意味がある。このプロジェクトで、長男は植物を取り上げた。表紙はその植物の世界を美しく描いたものなのだ。

同頁上の写真は、そのプロジェクトのリポートの一つである。

長男はここでコケについて研究したリポートを書いている。

左のページではコケの生態などについて書いている。

問題は右のページだ。長男はコケを集めて、自分の名前（戸塚威陽／とつか・たけあき）の頭文字、T. Tを作った。

そのコケをメインレッスン・ブックに貼り付け、プラスチックの被膜で覆ったのが、この写真だ。

長男は、単に自分で培養したコケを提示するのでは気が済まず、コケに自分の頭文字を作らせたのである。残念ながら時間が経ってしまったので、コケの色が緑ではなくなっている。長男がこのノートを作ったときは緑色だったのだ。

ここで私が考えるのは、もし長男が日本の学校でこんなリポートを提出したらどうなるかということだ。

間違いなく、私が言われたと同じことを言われたに違いない。

「真面目にやれ」だ。

「人体生理学」や「植物の研究」のノートは、もっと四角四面に常識的に真面目に作らなければ日本では受け入れられない。長男のメインレッスン・ブックはふざけ過ぎだと言われ、突き返されるだろう。落第点をつけられ、教師たちからとんでもない困った生徒だ、と白い目で見られるだろう。

そもそも、受験校では、受験でよい点を取るのに役立たないこのようなプロジェクトを与えて研究させるようなことをするはずもない。

長男は日本にいるときから、一風変わっていて、受験勉強でよい点を取る真面目な優等生では絶対になかった。

あのまま長男を日本で教育していたら、長男が個性を発揮しようとするたびにその個性を摘み取られ、決められた枠から出ようとすると、不真面目であると叱られて、結果的に萎縮《いしゅく》した人間になっただろうと思う。

オーストラリアの他の学校はどうだか知らない。しかし、グレネオンでは、長男がこんなメインレッスン・ブックを作っても、受け入れる。それどころか、面白い、と言ってくれる。

連れ合いは長男のことを「野生児」と呼んでいる。何でも制約を受けるのを嫌うし、世間のいわゆる主流派の価値観に反発するところがある。

長男はグレネオンでも異彩を放っていて、決して優等生ではなかったが、人気があって友達づきあいも忙しかった。

グレネオンは、第四章で書いたように、確固たるカリキュラムの上に教育をしている。

基本はしっかり外さない。長男のメインレッスン・ブックを見ても、「人体生理学」と「植物の研究」というつぼはしっかりと押さえてある。

しかし、一人一人の生徒を枠にはめるようなことはしない。生徒の表現の仕方はその個性を尊重する。むしろ、個性的であることを評価する。

おかげで、長男は私が中学高校の時に経験したような締めつけを受けることなく、自由に個性を発揮してのびのびと学校生活を送ることができた。

長男のメインレッスン・ブックを見ると、グレネオンでなかったら、長男は学校生活を送ることができなかっただろうと、今さらながら痛感する。

稚拙だが楽しいノート

次男は長男より八歳年下で、あまり年の差がありすぎるせいか、長男は自分の友達と遊ぶことに忙しく、あまり次男と遊んでやることがなかった。

しかし、それでも次男は長男の影響を受けたのだろう。面白いメインレッスン・ブックを残している。

口絵187頁下の写真は、次男と次女の「Mechanics」（力学、機械学）のメインレッスン・ブックである。

右側の、次女の表紙は字体に凝り、滑車の先の鉤《かぎ》で水桶を釣り上げている絵が描かれている。

左側の、次男の表紙には、白い厚紙で歯車を作り、それを留め金で固定してある。

ノートの表紙とは思えない作りだが、次女の表紙がきれいであるのに比べて、次男の表紙は「Mechanics」にふさわしい力強さがある。

さらに、次男のメインレッスン・ブックの中には、くさびについて書かれたページがある（同頁上の写真）。

断面がＶ字型のくさびは、小さな力で物体に大きな力を与えることができるとして、その応用例を左側のページに記し、右側のページには、実際のくさびの働きが分かる模型を段ボールを使って作って、ねじで留めてある。

教師の指導はあったのだろうが、段ボールで作った模型は武骨だがなかなか迫力がある。くさびの働きがこれでよく理解できる。

そんな次男であるが、一年生の時には何ともほほ笑ましいメインレッスン・ブックを作った。

グレネオンでは前章で書いたように、一年生では童話を教師に読んでもらう。

教師は、童話の題名と、その要所要所の場面を黒板に描く。

生徒たちは、それをノートに写す。

これが、グレネオンでの最初の勉強である。

188頁右下の写真が、表紙。

同頁上と左下の写真が、中のページである。

一年生で童話を学ぶ意義は、前章で書いたが、こうして眺めてみると、実に心の温まる授業だったことが分かる。

シュタイナー・スクールがまず心を豊かにすることを第一に考えることが、この稚拙だが楽しいノートでよく分かる。

読者諸姉諸兄にとって他人の子供の描いたものなど見ても、面白くもおかしくもないだろうが、親馬鹿の私には、次男のこの幼稚な絵が何とも愛らしくて、見ていると胸が熱くなる。実にお恥ずかしい。

「大航海時代」はなぜ重要視されるのか

これまで、理科系の教科ばかりを取り上げてきたが、人文系のものとは違って、理科系であれば思想的なものが混入せず、偏らず中立的な立場で教育を語れると思ったからだ。

だが、カリキュラムを見ていただくとお分かりのように、グレネオンは世界の全体像を生徒たちが摑むように努めている。

現在の世界は、ヨーロッパ人によって支配されている。

そのヨーロッパ人による世界支配は、いわゆる大航海時代に端を発する。

ポルトガルのバスコ・ダ・ガマによる、喜望峰回りでインドに達するインド航路の発見、コロンブスによるアメリカ大陸発見、スペインのピサロによるインカ帝国の征服などが続いて、ヨーロッパ人が世界中を支配下におさめていくことになる。

この十五世紀初めから十七世紀初めまでの大航海時代のヨーロッパ人による他の世界の発見と進出が、現在の世界の状況を形づくったので、この大航海時代のことを学ぶのは大事なことである。

グレネオンでは、七年生（中学一年生）でこの大航海時代を「The age of discovery」（発見の時代）としてメインレッスンで学ぶ。口絵189頁上の写真を見ていただこう。

一番右が次女、真ん中が長女、一番左が長男のメインレッスン・ブックの表紙である。

いつもの通り、長女のデザインは整っていて簡潔である。次女は昔の伝説を絵にしたもの、長男は帆船の横に意味あり気な怪獣がいる。

それぞれ、性格が表れる表紙である。

扉のページはさらに性格が表れる（同頁下の写真）。

長男は帆船を描いているが、そのマストの天辺には、自分のあだ名「Ｔｕｋ」と書いた旗が翻り、船の帆はつぎだらけ、しかも、海中から怪獣が飛びだして船に炎を吹きつけている。

長女はきちょうめんで簡潔な字だけのデザインである。

次女は、丁寧に帆船の絵を描いている。長男のようなおふざけはない。

中味を見ると、長女と次女はマルコ・ポーロや他の探検家の航路のことなど、きちんと描いている（190頁）。

ところが長男となると、191頁のように、見開きのページに茶色の紙を貼る。その紙は羊皮紙を模してあって、しかもへりは焼け焦げていて、中にも焼けた穴が開いている。

そしてその上に、世界地図を描き、バスコ・ダ・ガマやコロンブスなどの航路を色分けして書き込んである。

長男は海賊物語などを本で読むか映画で見て、羊皮紙に描かれた秘密の地図、それも焼かれそうになって辛うじて残った貴重な地図、そんなものの印象が頭に残っていて、それを模して描いたのだろう。

担当の教師が「面白い地図だ」と讃《ほ》め言葉を書いている。

日本でも大航海時代のことは学ぶと思うが、私は中学高校時代にここまで徹底的に授業で教えられることはなかった。

グレネオンで大航海時代をメインレッスンとして三週間かけて学ぶのは、カリキュラムを見ていただくと分かるが、グレネオンでは、生徒たちが世界に目を開くことを重要視しているからだ。シュタイナーの言うように、「世界の中での自分の居場所をつかむ」ためには、世界全体の姿を歴史的にもしっかり知ることが大事だと考えられているのだ。

こう見ていくと、グレネオンのメインレッスン・ブックは、我々の知っている日本の学校のノートとは大分違うことがお分かりいただけるだろう。日本の学校で生徒が取るノートは、教師の教えたことを書き留め、後で自分で復習するためのもので、受け身のものだ。

グレネオンのメインレッスン・ブックは、教師に教わったことを受け身的に書き留めるだけではない。自分自身の考えたこと、感じたことを表現するためのものなのだ。

前にも書いたが、教科書がない代わり、メインレッスンが終わると生徒一人一人、それぞれの教科書が出来上がる。

ノートを取るのではなく、メインレッスン・ブックという一冊の本を作るのである。

受け身でなく主体的に関わる

長女が十一年生の時に作った「パルシヴァル」のメインレッスン・ブックについては第二章で触れた。私はそれを見て、これはメインレッスン・ブック作りの集大成ではないかと思った。「パルシヴァル」はグレネオンでは十一年生で必ず学ぶので、うちの子供たち全員が「パルシヴァル」のメインレッスン・ブックを作っている。しかし、その子供たちが口をそろえて、長女の

「パルシヴァル」のメインレッスン・ブックは気合いが入っている、と言う。

どんなものか見てみよう（口絵192頁）。

普通のメインレッスン・ブックに比べてはるかに分厚い。

長女は、「パルシヴァル」のメインレッスン・ブックを作るのに、この硬い厚紙の表紙のノートを選んだのだ。

厚紙で作った表紙を開くと、本来の表紙が出てくる（上段左の写真）。

確かにこの字体を見るだけで気合いが入っているのが分かる。

次に扉である（上段右の写真）。

まずページの縁取りが手が込んでいる。

一体どこからこんな情熱が湧いて出たのか、あまりの入念な作業に、見ているだけで疲れてきてため息が出る。

五角形が描かれていて、その一つ一つの角に、銀色の絵の具を使っているので写真では見づらいが、「Constancy（志操堅固）」「Courage（勇気）」「Love（愛）」「Faith（信頼、信義、信仰）」「Wisdom（賢さ）」と書かれている。

この五つが人間にとって大事なことであることを学ぶために、グレネオンではメインレッスンの一番最後に、「パルシヴァル」を読むのである。

五角形の下には文章が書かれているが、この字体で整えて書くのは大変な努力であることは察することができる。

長女は、全部で二百ページはあるこのメインレッスン・ブックのすべてをこの字体で通しているのである。

次に、「序章」、「Path の章」、それぞれの章の扉を見ていただく（下段の写真）。

ここまでやるか、と思わず言いたくなるほどの気合いの入れ方である。

長女はこの調子で二百ページ以上のメインレッスン・ブックを作り上げてしまっている。

この文章は教師の書いたものを写したのではなく、「パルシヴァル」を読んで長女が感じたこと、考えたことを書いたものである。全部、自分の文章である。

途中に挿し絵も入っているし、こうなると「パルシヴァル」についての授業のメインレッスン・ブックではなく、美術の授業で提出した作品のように見える。


グレネオンのメインレッスン・ブックは、ノートを取るのではなく、一冊の本を作るのだと、前に書いた。

その意味が、この長女の作った「パルシヴァル」のメインレッスン・ブックを見ればお分かりいただけると思う。

授業の内容をしっかり摑んでいなければこのようなメインレッスン・ブック作りはできない。

そして、授業を摑むだけではなく、自己表現が実現していなければならない。

その自己表現は表現意欲を満たすだけではなく、自己を啓発し、理解を深めるものだ。

この長女のメインレッスン・ブックは、同時にグレネオンのメインレッスンの本質を語ってくれていると思う。

授業は、教師から一方的に与えられる受け身のものではなく、自分を教育する行為に自分自身が主体的に関わることを生徒たちが要求されるのが、グレネオンのメインレッスンなのだ。

ここに紹介したのは、子供たちが残した大量のメインレッスン・ブックのほんの一部でしかない。

しかし、このメインレッスン・ブックを見れば、グレネオンのメインレッスンはどんなものなのか、ひいてはグレネオンの教育がどんなものなのか、具体的にお分かりいただけるのではないだろうか。

私の子供たちは、このような教育をグレネオンで受けたのである。

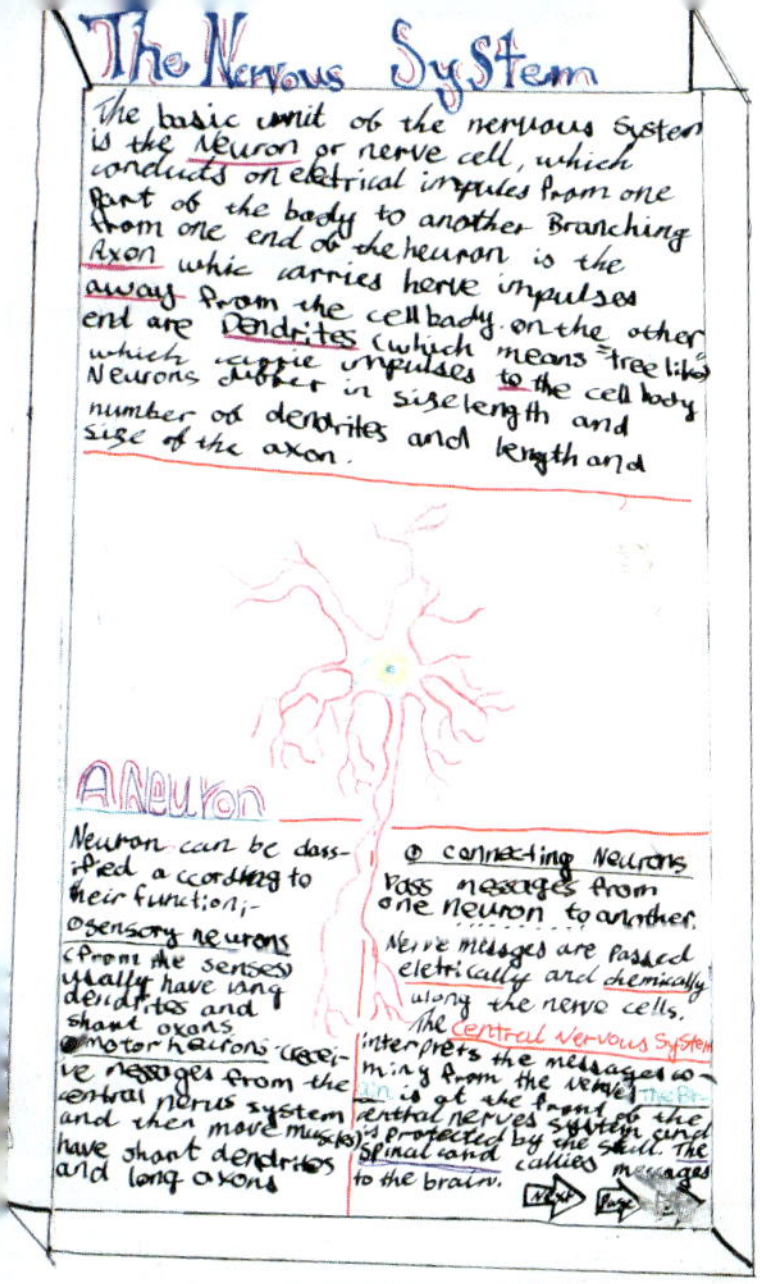

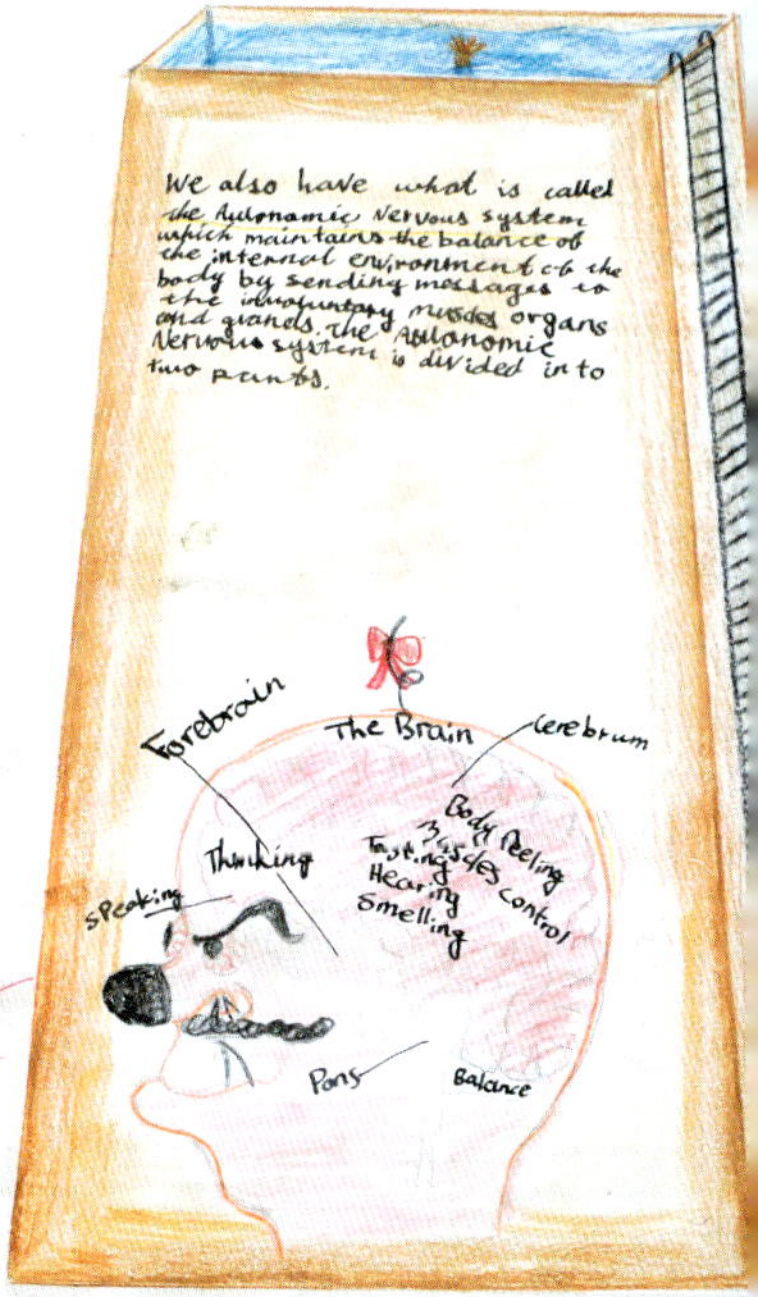

10

10…長男が学んだ「人体生理学」のメインレッスン・ブックから。左は表紙、上は脳の神経細胞と脳髄の組織について書かれたページ。こんな「ふざけた」ノートを日本で書いたら、教師は何と言うだろうか。

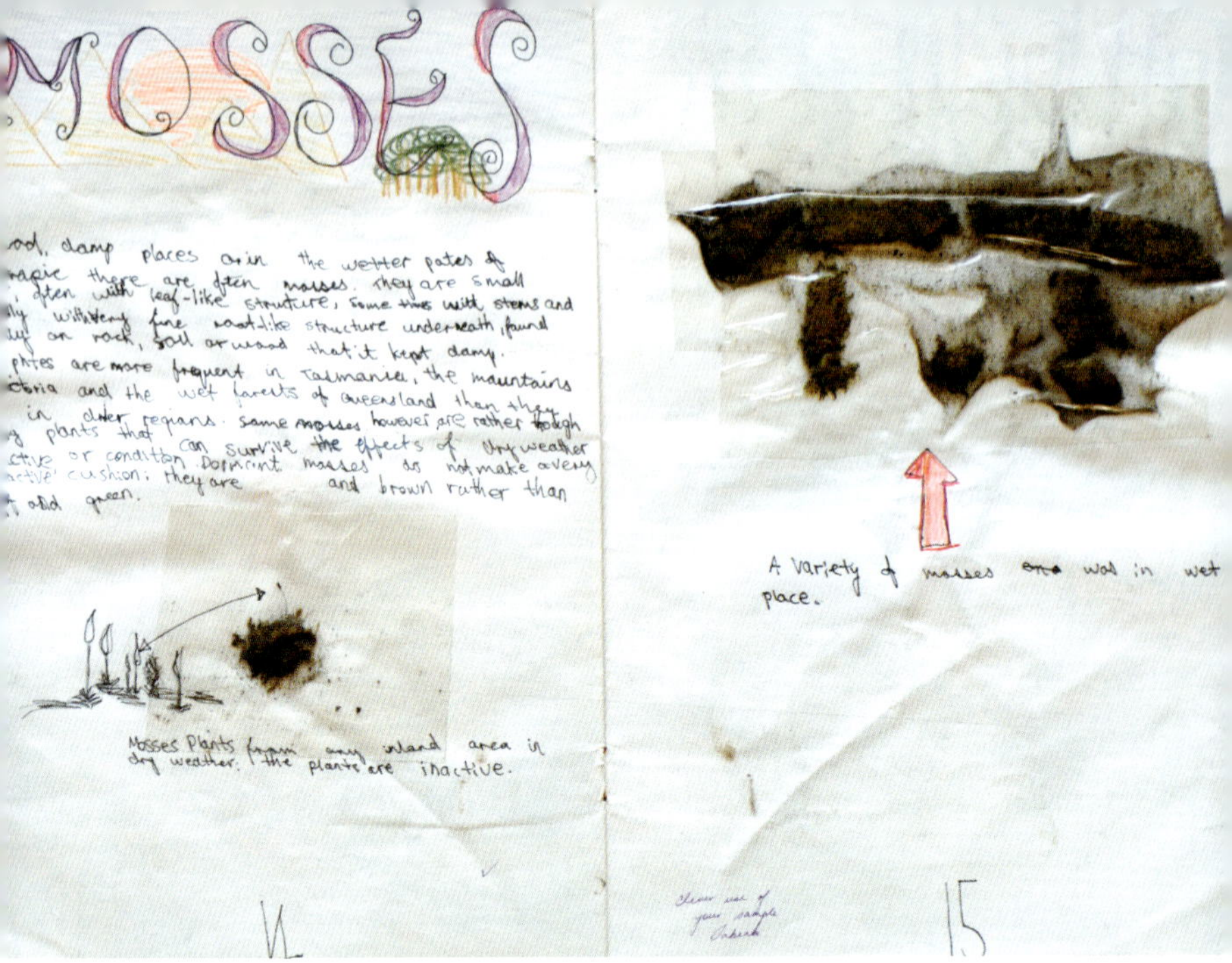

11

11…自分で研究したリポートをまとめる「A Research Project」という科目の、長男のメインレッスン・ブックから。右は表紙、上はコケの生態を調べたページ。

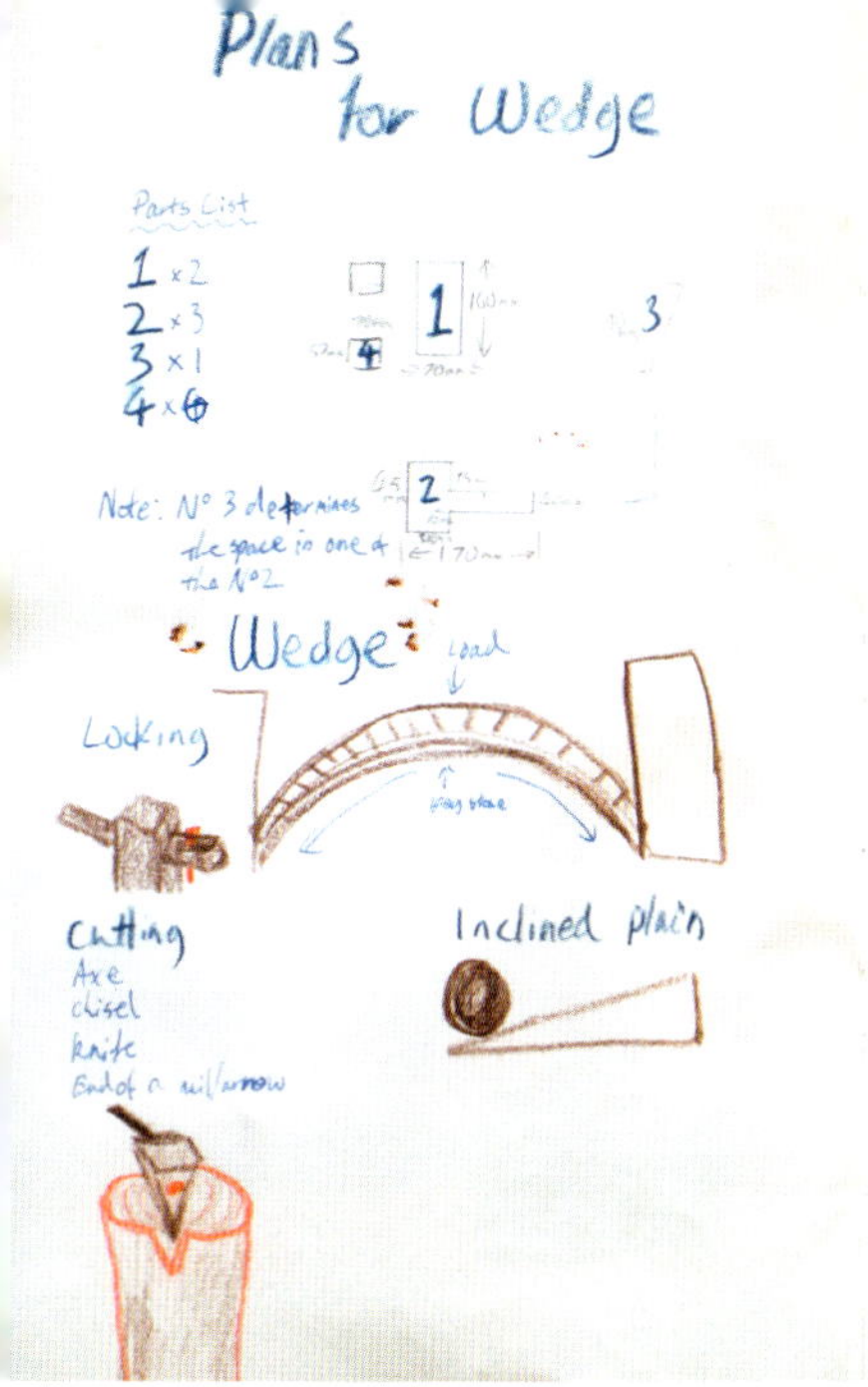

12

12…下は「Mechanics（力学）」についての、次女と次男のメインレッスン・ブック表紙。上は次男の、くさびについて書かれたページ。

13

13…シュタイナー・スクールでは、１年生は童話を教師に読んでもらう。
最初の「メインレッスン・ブック」はその題名と要所要所の場面を書く。
次男の表紙（下右）と本文のページ（下左、上）。

14

14…コロンブスのアメリカ大陸発見など「大航海時代」を、

「The age of discovery（発見の時代）」として学ぶことが重視されている。

上はメインレッスン・ブックの表紙、下はその扉ページ（左から長男、長女、次女のもの）。

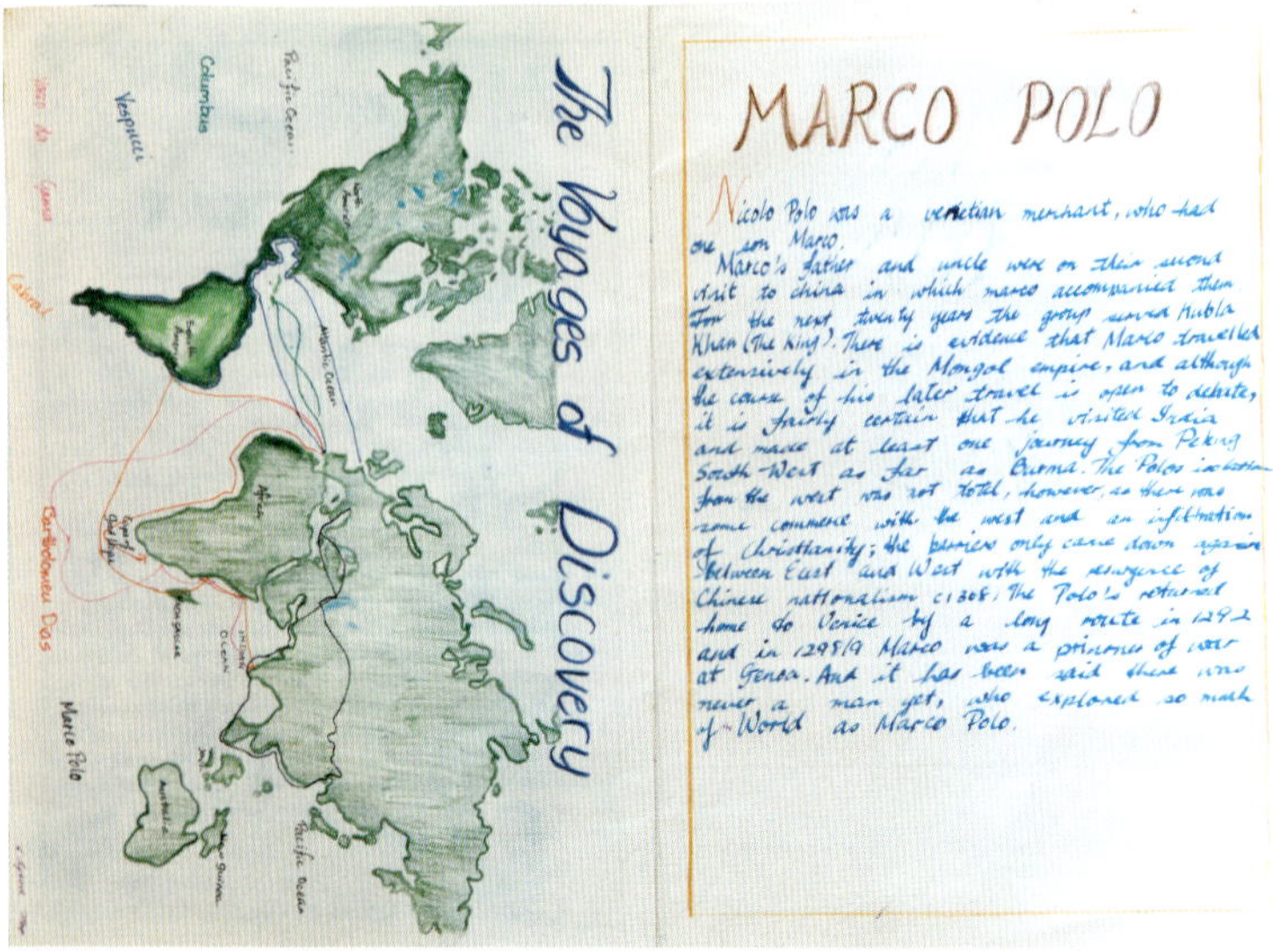
The Voyages of Discovery
Columbus
Vespucci
Bartholomeu Dias
Marco Polo
Atlantic Ocean
Pacific Ocean
Indian Ocean
Africa
MARCO POLO
Nicolo Polo was a venetian merchant, who had one son Marco.
Marco's father and uncle were on their second visit to china in which marco accompanied them For the next twenty years the group served Kubla Khan (The King). There is evidence that Marco travelled extensively in the Mongol empire, and although the course of his later travel is open to debate, it is fairly certain that he visited India and made at least one journey from Peking South-West as far as Burma. The Polos isolation from the west was not total, however, as there was some commerce with the west and an infiltration of Christianity; the barriers only came down again between East and West with the resurgence of Chinese nationalism c1308. The Polo's returned home to Venice by a long route in 1292 and in 1298/9 Marco was a prisoner of war at Genoa. And it has been said there was never a man yet, who explored so much of World as Marco Polo.

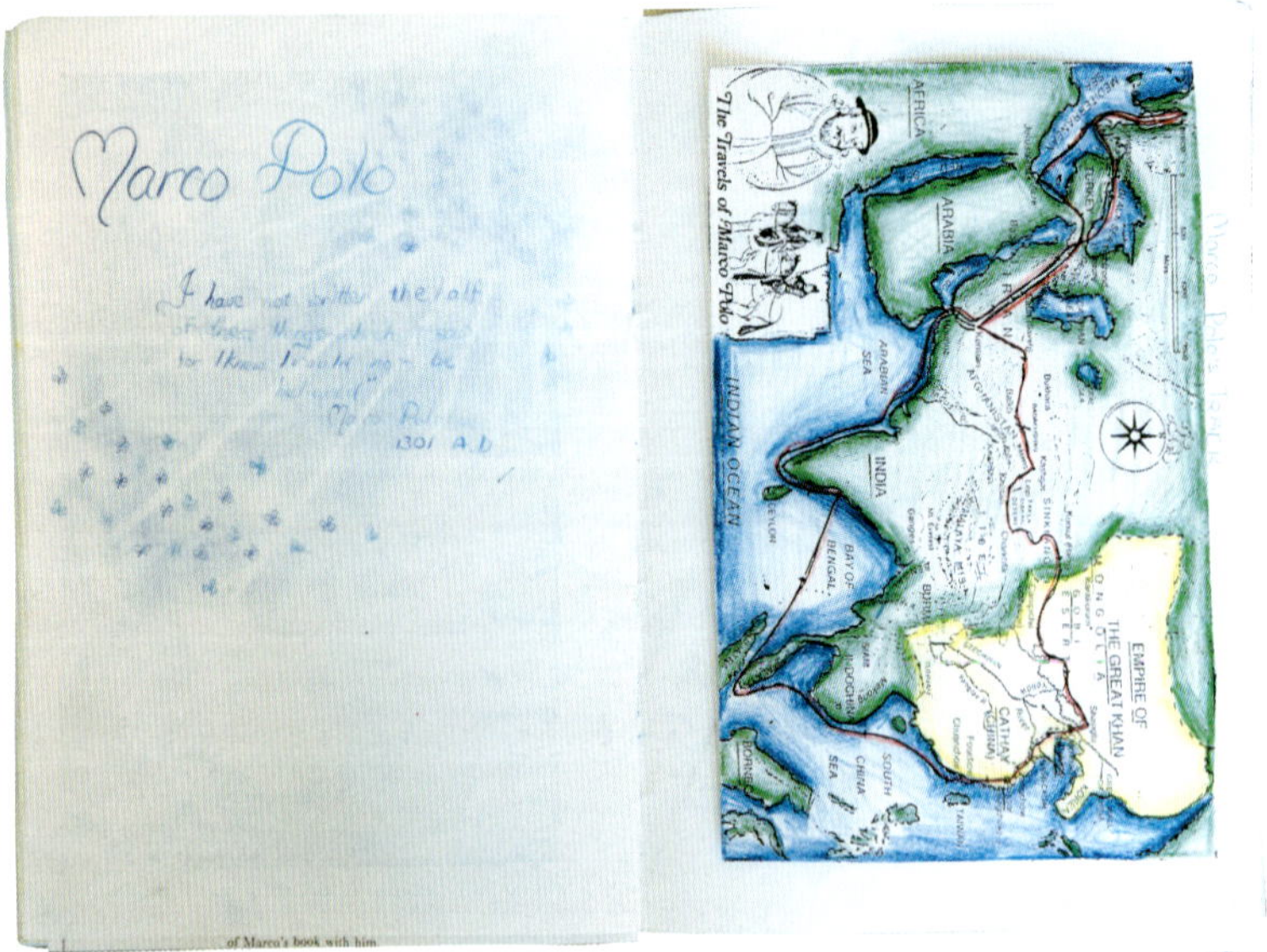
Marco Polo
"I have not written the half of the things which I saw for I knew I would not be believed"
Marco Polo
1301 A.D
The Travels of Marco Polo
AFRICA
ARABIA
ARABIAN SEA
INDIA
INDIAN OCEAN
CEYLON
BAY OF BENGAL
SOUTH CHINA SEA
CATHAY
EMPIRE OF THE GREAT KHAN

15

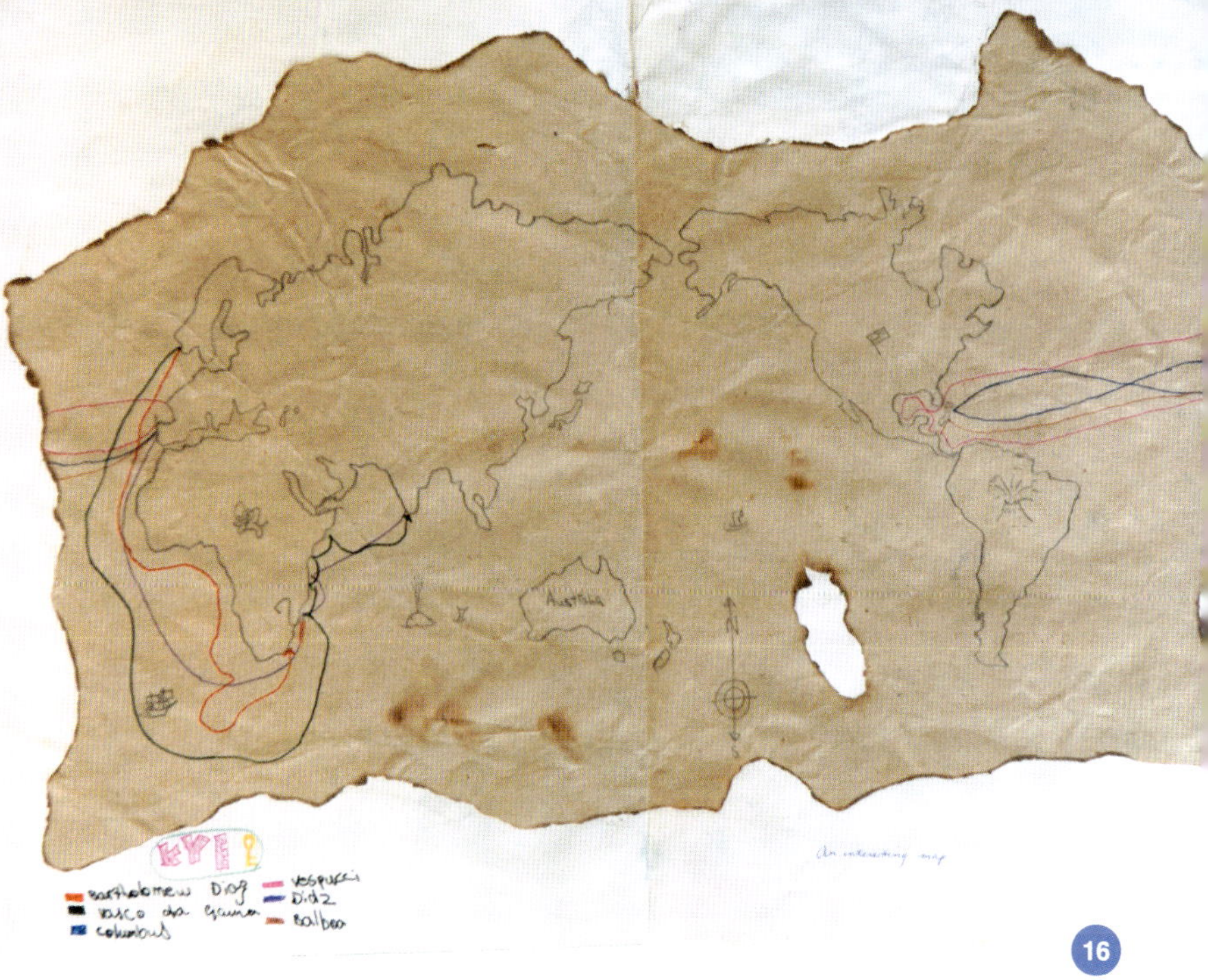

16

15…先の「大航海時代」のマルコ・ポーロ等について書かれたページ。
上が長女、下が次女のもの。
16…同じく長男の、コロンブスなどの航路を描いた世界地図。
焼失をまぬがれた貴重な地図、というような体裁をとっているのが面白い。

17…11年生で必ず学ぶ「パルシヴァル」について長女が作ったメインレッスン・ブック。全部で200ページになる分量といい、これはまさしく「本」といっていいだろう。下の写真は、上段左が表紙、右が扉ページ、下段はともに章扉。

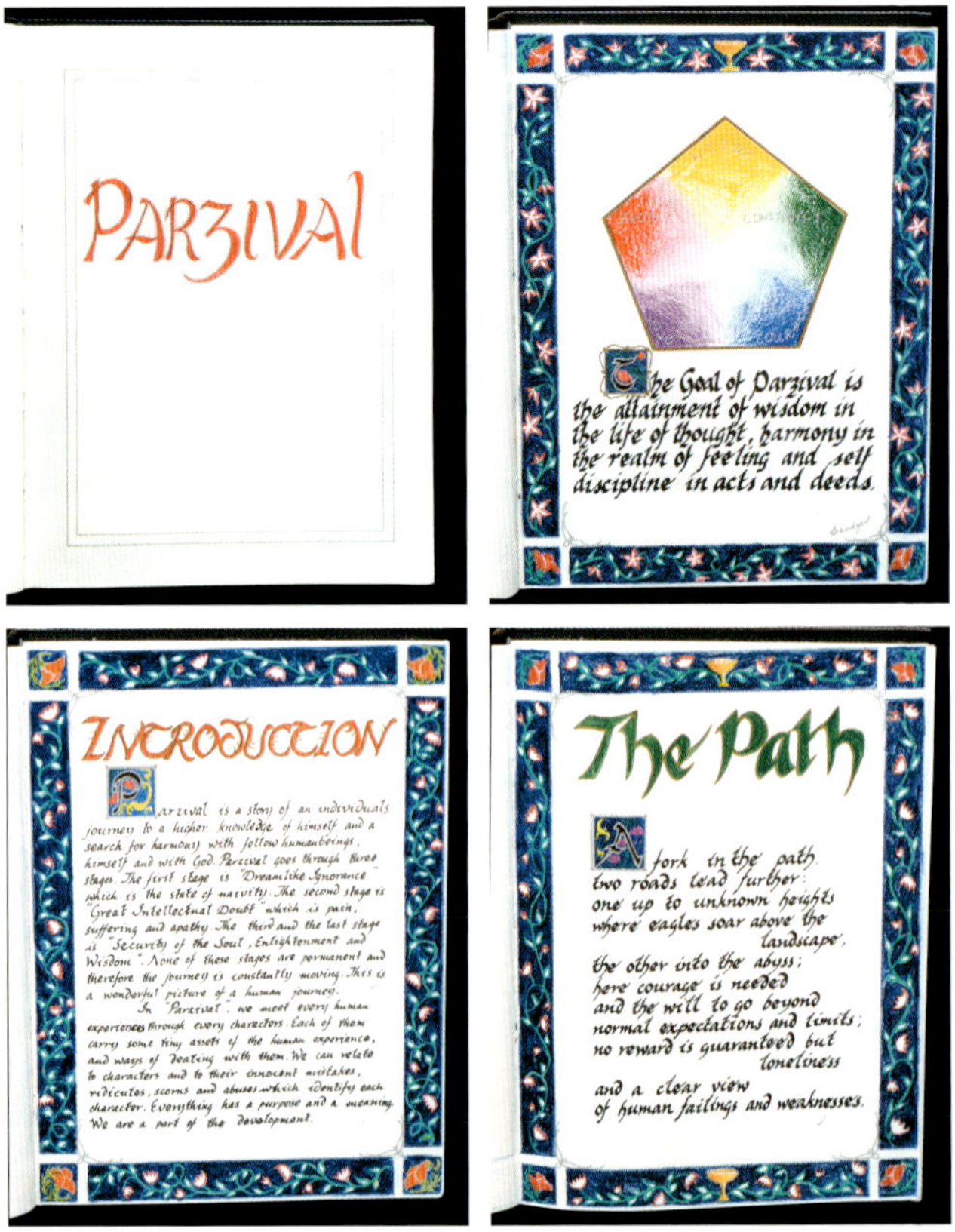

PARZIVAL
The Goal of Parzival is the attainment of wisdom in the life of thought, harmony in the realm of feeling and self discipline in acts and deeds.
INTRODUCTION
Parzival is a story of an individuals journey to a higher knowledge of himself and a search for harmony with fellow humanbeings, himself and with God. Parzival goes through three stages. The first stage is "Dreamlike Ignorance" which is the state of naivity. The second stage is "Great Intellectual Doubt" which is pain, suffering and apathy. The third and the last stage is "Security of the Soul, Enlightenment and Wisdom". None of these stages are permanent and therefore the journey is constantly moving. This is a wonderful picture of a human journey.
In "Parzival", we meet every human experiences through every characters. Each of them carry some tiny assets of the human experience, and ways of dealing with them. We can relate to characters and to their innocent mistakes, ridicules, scorns and abuses which identify each character. Everything has a purpose and a meaning. We are a part of the development.
The Path
A fork in the path
two roads lead further:
one up to unknown heights
where eagles soar above the landscape,
the other into the abyss;
here courage is needed
and the will to go beyond
normal expectations and limits;
no reward is guaranteed but loneliness
and a clear view
of human failings and weaknesses.

17

第六章
シュタイナー批判について考える

人間の四つの本性

さて、私の子供たちが受けたグレネオンの教育の実際を見ていただいたところで、シュタイナー・スクールのあり方を点検する必要があるだろう。

実は、ここ数年、ヨーロッパを始めとしてシュタイナー批判が起こって、各地のシュタイナー・スクールが痛手を受けている。

オーストラリアでも、自分の子供をシュタイナー・スクールに入れたある両親が、シュタイナー・スクールで霊だのなんだのカルト的なことを教えられたと騒ぎ立て、その風評でグレネオンも生徒数が減少している。

私が子供たちをグレネオンに入れようとしたときには入学の順番待ちが大勢いたが、状況は変わった。

このような現状にあって、四人の子供にシュタイナー教育を受けさせた私としては自分の考えを明らかにしておかなければならないだろう。ヨーロッパやオーストラリアでシュタイナーとシュタイナー・スクールが批判されているのは、

(1) 「シュタイナーの思想は霊だの魂だのを説くカルト的思想であり、シュタイナー・スクールではそのカルト的思想を教える」

という点であり、特にヨーロッパで批判されているのは、

(2) 「シュタイナーの思想は反ユダヤ的で、白人優位の人種主義であり、シュタイナー・スクールも人種差別を教える」

という点である。

なお、この章を書くに当たって以下の諸書を参考にした。煩瑣になるので引用箇所はいちいち記さなかった。

『神智学』（ルドルフ・シュタイナー、高橋巖訳／ちくま学芸文庫）
『神秘学概論』（ルドルフ・シュタイナー、高橋巖訳／ちくま学芸文庫）
『自由の哲学』（ルドルフ・シュタイナー、高橋巖訳／ちくま学芸文庫）
『教育術』（ルドルフ・シュタイナー、坂野雄二・落合幸子訳／みすず書房）
『霊学の観点からの子供の教育』（ルドルフ・シュタイナー、高橋巖訳／イザラ書房）
『人智学・神秘主義・仏教』（ルドルフ・シュタイナー、新田義之編／人智学出版社）
『シュタイナー入門』（ヨハネス・ヘムレーベン&アンドレイ・ベールィ、川合増太郎・定方昭夫・鈴木晶訳／人智学出版社）
『シュタイナーの人間観と教育方法』（広瀬俊雄／ミネルヴァ書房）
『ミュンヘンの小学生』（子安美知子／中公新書）
『シュタイナー教育を考える』（子安美知子／学陽書房）
『私とシュタイナー教育』（子安美知子／学陽書房）

シュタイナーの提唱した「人智学」はいわゆる神秘思想と言われるもので、難解であり、それを本格的に語るとなると、一冊の本でも足りなくなる。

この本の目的はシュタイナーの思想を語るものではないから、シュタイナーの教育思想を主に見ていくことにする。

シュタイナーの教育思想はその人間観に基づいている。

以下、シュタイナーの考えを私の解釈も交えて記してみる。

シュタイナーは人間の本性は四つあると考えている。

「肉体」は人間の第一の本性で、無生物の世界と同じ、物質そのものである。

シュタイナーは人間の第二の本性として、「生命体（エーテル体ともいう）」を考える。物質そのものに過ぎない肉体に生命を与えるものである。

人間は死ぬと、肉体は物質に戻り、崩壊する。人間が生きている間、肉体を崩壊させないように働いているのがこの生命体であり、人間は植物の世界とこの生命体を共有している、とシュタイナーは考える。

肉体と生命体より高次の、人間の第三の本性としてシュタイナーは、「感覚体（アストラル体ともいう）」を考える。

例えば、人間が物を見るときのことを考えてみると、光が目に入り、視神経を通って脳に達し、脳の視覚をつかさどる箇所で物理変化が起こることは観測することができる。しかし、それだけでは、人間は見たものが丸いとか赤いとか感じることはできない。

その「感じること」を生じさせるものが「感覚体」であるとシュタイナーは考える。

動物は外界の影響を受け、暑さ、寒さ、などを感じる。感じることによって自らを意識する。ねむの木の葉は触ると閉じる。それは外界からの刺激に反応しただけであり、植物には意識がない。

外界の刺激に反応するだけではなく、その反応の際に内的に新たなものを体験することが、「意識」の特徴である。

物質などの素材だけでは肉体の形態を維持できず、そのためには「生命体」の働きがなければならないように、生命体の力だけでは自らを意識の光に照らし出すことができない。「感覚体」が「感じること」を生じせしめ、「感じること」で意識が目覚める。「感覚体」がなかったら人間は自らを意識することができず、植物状態にとどまる。

その点で、人間は動物と、この「感覚体」を共有していると、シュタイナーは考える。

「自我」は第四の本性で、人間は自我を通じて、自分を他の一切から区別された特別の存在である「私」であると意識する。

「自我」があって、人間は名誉欲、権力欲、恋愛感情、神や仏に祈る心、恥の感情、などを抱く。また、この「自我」は、「感覚体」と「生命体」に働きかけ、意識を変化させ、体つきや表情をも変化させる。恥を感じて顔を赤らめるのは、「自我」が肉体に働きかけた結果である。

「自我」は人間だけが持つものであり、これによって人間は万物の霊長となる。

以上がシュタイナーの考える人間の四つの本性である。

もっと手短に言うと、

(1)　単なる物質としての「肉体」

(2)　肉体に生命を与える「生命体」

(3)　単に生きているだけではなく、物を感じることを生じさせ、意識を目覚めさせる「感覚体」

(4) 自分を他の一切と区別して「私」として認識させる「自我」となるだろう。

しかしながら、この人間の四つの本性「肉体、生命体、感覚体、自我」は、最初から一様に発達しているわけではない、とシュタイナーは考える。

この四つの本性は年齢に応じて、異なった表れ方をする。

したがって、教育と授業の本当の土台は、この四つの本性のそれぞれの発達に従わなくてはならない。それが、シュタイナー教育の本質なのだ。

「霊魂」「霊界」という概念

シュタイナーのこの人間の本性を四つの形に捉える考えは、現代の生命科学、精神科学、大脳生理学、などから見れば、妥当ではない部分もあるだろう。

しかし、一人の個人が生まれてから、成人して自我を確立するまでの過程をこのように分ける考え方は、私は説得力を感じて、受け入れることができる。

だが、その相互の連関と、影響の及ぼし方などについてのシュタイナーの論議は、私には難解だ、というより理解できない。

それは第二章に述べたようにシュタイナーの思想が神秘思想だからだ。

シュタイナーは自分の思想を「霊学」ともいう。

「人間は体と魂と霊の三世界に属している」という。

「霊魂は死後も不滅で、霊界というものがあり、人間の死後、霊は霊界に行き、次に生まれ変わるまでそこにとどまる」ともいう。

こうなってくると私はお手上げである。

私は「自我」の存在は認める。デカルトの言う通りに「すべてのことを疑い尽くしても、自分が今思っているということは疑えない」。

今、何かを思っていることは確かで、その考えているものが「自我」なのだろうと思う。

それを「霊・魂」というなら、それもいいかもしれない。

しかし、私は霊界の存在や、死後の霊魂の不滅などを信じることはできない。

それは私が、あまりにも物事を科学的に考える傾向が強すぎるのか、第三者にも検証可能な物理的な証拠のあるもの以外を事実として認めることができないからだ。


だが、私のような態度をシュタイナーは批判する。

『霊学の観点からの子供の教育』の中でシュタイナーは、「通常の科学は感覚経験をすべての知識の基礎であると考える。そしてその基礎の上に打ち立てられぬものは知るに値しない。現代科学は感覚の印象から推論し、結論づける。けれどもそれを超えた事柄はすべて拒否される。それは人間認識の限界外のことだ、というのである。

霊学にとってこのような見方は、手で触ることのできるもの、そして手で触れたものから推理によって明らかにできるものだけを受け容れ、そして見える者の主張を人間の認識能力を超えているものとして否定する、盲人の見方に等しい。

盲人の周囲の色や光は、その盲人がそのための感覚器官を持てるようになるまでは、知覚でき

ない。（中略）
盲人は手術を受ければ、すぐにでも新しい世界を見ることができるが、そのように人間も高次の器官を発達させることによって、通常の感覚が知覚する世界とは全く違った世界を認識することができる」
と言い、誰でも霊を感ずる高次の器官を萌芽として持っているから、忍耐と持続とエネルギーを持ち、正しい方法で行えば、その高次の器官を発達させて見霊能力を獲得できる、としている。この高次の器官とは、霊を感じ、霊を見ることのできる器官であるらしいが、その器官の萌芽とは何で、それをどのように発達させるのか、シュタイナーの説くところは難解であって私には理解できない。
シュタイナーの説くところでは、「霊の実体」あるいは「霊の存在の現象」が第三者的に同一条件下で確実に認識されうるものとは私には理解できず、私は霊の存在を科学的な事実として認めることはできない。

先ほども書いたように、この本の目的はシュタイナー思想を語ることではない。シュタイナーの思想を語るには別に一冊か二冊本を書かなければならないし、私には、その能力もない。

一口に言えば、私にはシュタイナーの思想は理解できないということである。

勘違いしないでいただきたいが、この「理解できない」という意味は、シュタイナーの思想が、邪悪であるとか、有害な考えであるとかいう意味ではない。

私はいかなる宗教も信ずることのできない人間であるから、ユダヤ教、キリスト教、イスラム教、仏教などが理解できない。

それと同じ意味でシュタイナーの思想を理解できないと言っているのである。

シュタイナー思想と三大宗教

例えば、ユダヤ教を見てみよう。

ユダヤ教は、キリスト教とイスラム教の元となった宗教で、世界史的に人類に大きな影響を与えてきたものだ。

ユダヤ教には「タルムード」という書物がある。ユダヤ教の根本には聖書（キリスト教でいう旧約聖書）がある。その聖書にはいろいろと書かれた決まりがあるが、それを守ろうとしたら具体的にどう行動したらよいのか、その律法が長い時間をかけてユダヤ教の学者たちによって口伝えで伝えられてきた。

その口伝律法は二世紀にガリラヤでユダヤ人最高自治機関であるサンヘドリンの首長だったラビ・ユダによって「ミシュナ」としてまとめられた。

その後、アモライームと呼ばれる律法学者たちによって、膨大な註釈、釈義、解説が加えられて、「ゲマラ」としてまとめられ、「ミシュナ」と合わせて「タルムード」となった。

現在タルムードとして知られているものは、紀元後五百年頃にまとめられた「バビロニア・タルムード」のことをいう。

タルムードは極めて膨大な量の文章であり、その内容も律法的な部分であるハラハーと、創造的、芸術的、科学的文学を体現するアガダーとがあって、簡単には読みこなせるものではないようだ。

幸いなことに、一九三一年にアメリカのユダヤ神学校の当時助教授だった、ボアズ・コーヘンの書いた『Everyman's Talmud』という本が村岡崇光氏等によって翻訳され、『タルムード入門』三分冊として教文館から出版されているので、それを参考にさせてもらう。

コーヘンは「タルムードの重要性は聖書に次ぐものであり、最後の世代の人類まで余すことなく教育指導するだろう」と言っている。

ユダヤ教徒ではない私は「教育指導されるだろう」と言われると鼻白むが、私は、この『タルムード入門』を読むことでユダヤ教の聖書（旧約聖書）をよりよく理解できるようになった。

そのタルムードを読むと、霊、魂、よみがえり、などについて詳細に語っている。

中でも、「第七の天、アラーポッドにはこれから創造されようとする霊と魂がしまってある」という記述がある。さらに、これから魂が人間の肉体に居住すべく待機している天上の蔵グーフというものがあるとも書かれている。

このあたりは、シュタイナーの言う霊界にそっくりである。

十二世紀のエジプトのユダヤ人大学者マイモニデスの編纂《へんさん》した「ミシュナ」で定められた十三か条の教義にも、神の霊性、来世における神の賞罰、よみがえり、などが定められている。

キリスト教とイスラム教はユダヤ教をもとにしているから、その教えの根本もユダヤ教と変わらない。

コーヘンは、次のように言っている。

「新約聖書やコーランの教えの源泉や背景を本当に理解するためにはタルムードについての知識

が必要不可欠であることは、啓発された学者が昔から認める自明の理である。キリスト教やイスラム教の教義の多くは、タルムードに照らして考察しなくては理解はほとんど不可能である」

私は、『コーラン』（井筒俊彦訳／岩波文庫全三巻）を読んだときにその内容が旧約聖書を再び語っている部分が多いのに気がついた。

しかし、コーランで一番特徴的なのは、最後の審判を繰り返し繰り返し、強烈に語るところだと私は思う。

アラーの教えに背いた者、不信心者（異教徒も含む）は地獄に落とされ、正しい者は素晴らしい楽園に迎えられる。このことが、繰り返し、繰り返し、語られる。その裁きの様と、地獄の様子は生々しく語られ、コーランを読むと、とにかくアラーの教えに従わないと死後よみがえって地獄に落とされるという恐怖に捉えられる。

ユダヤ教の聖書である旧約聖書の「ダニエル書」の第十二章には、

「（終わりの時が来る、その時には）多くの者が地の塵《ちり》の中の眠りから目覚める。ある者は永遠の生命に入り、ある者は永久に続く恥と憎悪の的となる」

と、「終わりの時」には死んだ人間はよみがえり裁かれることが記されているが、コーランほどには詳しく恐ろしく書かれていない。

で、私はこのあたりはイスラム教独特の考えなのかと思っていた。しかし、タルムードを読んでみると、コーランと同じように最後の審判について詳しく書いてある。

ユダヤ教の学者たちが、聖書を隅から隅までほじくるように読解して、様々な文章の含意を深く読み取り、ダニエル書に書かれた「終わりの時」の様子を詳細に描出したのだ。

それで初めて私はコーランの骨格の根本が分かった。

キリスト教はユダヤ教の聖書を旧約聖書としているくらいだから、その教義の成り立ちはタルムードを読むとはっきり分かる。

私の言いたいことは、ユダヤ教、キリスト教、イスラム教、いずれも霊魂やよみがえりについて語っている、というより、それが教義の中心だ、ということだ。もし、霊や魂を認めないというのなら、その三つの宗教は存在しえないだろう。

シュタイナーが霊や魂について語るからシュタイナーの思想をカルトであると言うなら、ユダヤ教も、キリスト教も、イスラム教も、カルトだろう。

シュタイナーは、人間が再び生まれ変わる「転生」について語る。そこが、カルトだと言うなら、輪廻《りんね》を語る仏教もヒンズー教もカルトになってしまう。

「カルト的思想」というのは本当か

そもそも、シュタイナーは子供の頃から熱心なカトリック教徒であり、キリストがゴルゴダの丘で磔刑《たっけい》に処せられて死んだ後に復活したことが、全人類にとって一番大きな意味を持つものだ、というくらい、骨の髄まで敬虔《けいけん》なるキリスト教徒である。

シュタイナーは『キリスト学』という著述もあるほど、キリスト教神学を深く研究しており、晩年には「キリスト者共同体」を設立し、キリスト教神学者も含む多くのキリスト教信者に対して、キリスト教についての講習会を何度も開いた。

シュタイナーの次の言葉は「人智学」とキリスト教についての関係を説明してくれるだろう。

「霊性の内で理解しようと努めない者は、誰一人、ゴルゴダの出来事の意味を理解することはできないのです。それゆえ、人智学的な精神科学は、同時にまた、キリストとゴルゴダの丘の神秘的な出来事を新たに理解するための準備をなすものなのです」

シュタイナーの神秘思想も、キリスト教をふまえている。

（と言うと、シュタイナーの『神秘学概論』などはキリスト教とは無縁のとんでもない説だ、とお怒りになる向きもあるかもしれない。

しかし、私のような無信仰の人間にとって、キリスト教自体がとんでもない説だ。キリストが十字架にかけられた後復活した、というところがキリスト教の肝心なところだが、私にはどうしてそんなことを信じることができるのか、理解できない。）

もちろん、世の中にはキリスト教をもとにし、それを自分の都合のよいように解釈して出来上がったカルトがいくつもある。

キリストの名前を使うから、余計にそのようなカルトは力を振るうし、悪質だ。

では、シュタイナーの思想はカルトと言われるものなのか。

私の結論を先に言うと、それは誤解である。あるいは、故意にシュタイナーを貶《おとし》めようとする者の言うことである。

カルトとはどんなものを言うのか、もう一度確認しよう。

小学館の百科辞典「スーパー・ニッポニカ」によると、

「カルトの特徴とは、
第一に導師やグルとよばれたり、自ら救世主を名のるカリスマ的教祖をもつこと。

第二にマインドコントロールといわれる心理操作のさまざまなテクニックを用いて入信させること。それは洗脳の一種で、信徒は自覚のないまま、主義、考え方、世界観を根本的に変えてしまう。

第三に外部世界から隔離された場所で共同生活を営み、閉鎖的集団を形成し、そこからしばしば反社会的行動に走る。

第四に神秘的、魔術的な儀礼を実践し、教義は異端的、シンクレティズム（宗教的折衷主義）的である」

とされている。

他にもカルトの特徴として、
第五に自分たちだけが絶対に正しいと言う。

第六に組織の指導者に対する絶対服従を要求し、自分の頭で考えることを許さない。

第七に自分の組織に属さない人間、あるいはいったん属したが、後に組織を離れた人間に対して激しい攻撃を行う。

第八に生活のすべての面を組織に決められ、組織に自分のすべてを預ける、あるいは捧げることを要求する。

第九に金銭、財産を組織に差し出すように要求する。

第十に人生のすべての面を組織が支配する。

などという点が挙げられるだろう。

以上の各点について検討してみると、シュタイナー自身、またシュタイナーの「人智学」の信奉者たちにも、前掲のカルトとしての特徴に当てはまるものは何もない。

シュタイナーはシュタイナー教の教祖ではない。

シュタイナー思想あるいは「人智学」の指導者に服従を要求したりしない。

シュタイナーも「人智学」の指導者たちも自説を説くだけで、相手を洗脳することはない。

閉鎖的集団を形成することはない。

神秘的な儀式とは無縁である。

シュタイナーの思想を学ぶ者の生き方を規定しないし、人生のすべてを支配したりしない。

金銭、財産などを組織に貢ぐように要求しない。

そもそも、そのような組織自体を形成しない。

シュタイナーの思想について、他の宗教や哲学の立場から様々な批判があるかもしれない。しかし、シュタイナーの思想は害悪に満ちた思想などではない、と私は思う。

シュタイナーの思想を教えないシュタイナー・スクール

もう一つの問題は、シュタイナーの思想がシュタイナー・スクールで子供たちに教えられているのかということである。

私は、他のシュタイナー・スクールについては知らないから、自分の子供を預けて、その内情をよく知っているグレネオンについてだけ語ることにする。

グレネオンではシュタイナーの思想を生徒たちが教えられることは一切なかった。グレネオンでは創立の最初から「人智学の教義は教えない」と決められている。第二章にも書いたように、グレネオンの創始者たちはシュタイナーの思想に共鳴していて、シドニーにもシュタイナー・スクールをつくりたいと考えた。

だが、彼らはシュタイナーの思想「人智学」の教義を教えないと決めたのだ。

グレネオンの創立時の事情を書いておこう。

グレネオンの創始者たちは、芸術家、建築家、「人智学」の共鳴者たちだったから、そのような芸術的で精神的なことから始まって、オーストラリアで最初の「シュタイナー・バルドルフ・スクール」をつくろうという展望が彼らの間に生まれた。その学校は「人智学」の理解を体現化するものだが、教義は教えない、とした。

「人智学」の教義を教えないとしたら、彼らはどうしてシュタイナー・スクールをつくろうとしたのか、それは、彼らの次のような意図による。

「シュタイナーの教育方法を用いて、自己の確立とともに社会的な責任感を養い、同時に道徳的な価値を高める教育をする。

シュタイナーの、人間の本性は段階的に発現し進展するという考えに対応して作られたカリキュラムは、創造性、問題を解決する能力、批評力のあるものの考え方を促進し、同時に、生涯勉強し続けようという情熱を生徒たちにしみ込ませるだろう」

そういう学校として出来上がったのがグレネオンなのである。

この「人間の本性は段階的に発現し進展するという考えに対応したカリキュラム」が、グレネオンの教育の主柱だと思う。

知育偏重ではなく、心の発達に応じて感性を豊かにする教育。

これが、四人の子供を預けて私が実感したグレネオンの教育である。

グレネオンでは、シュタイナーの思想を教えないだけでなく、シュタイナーが熱烈なキリスト教徒であったにもかかわらず、キリスト教はもちろん、他の宗教教育もしない。

ドイツのシュタイナー・スクールでは宗教の時間があって、親の要望によってキリスト教の宗派別に宗教を教えるそうだが、グレネオンではそういうことはなかった。

私のような、無信仰の者にはそれがとてもありがたかった。

その前の、子供たちを最初に入れた小学校ロカット・バレー・スクールはアングリカン・チャーチ派のキリスト教の学校だったし、ロカット・バレー・スクールの校長先生が紹介してくれて、グレネオンを知るまでは長男と長女が入ることになっていた中学も、キリスト教系の学校で、礼拝の時間などがあったのだ。

私は、宗教は否定しないが、子供のうちから強制的に宗教を教え込むのはよくないと考えている。

シュタイナーは何度も言うように熱烈なクリスチャンで、シュタイナー・スクールではキリスト教に基づく宗教的な本性の育成を重視している。シュタイナーは「実際、すべての科目の中にキリスト教が入り込んでいます。数学の中にまでキリスト教は入り込んでいるのです」と言っている。

しかし、グレネオンは宗教教育はしない。グレネオンでは一般的な事柄として教師が霊とか魂などという言葉を使ったりする。我々も普通の日常の会話の中で、宗教的な意味合いとは無関係に霊や魂などという言葉を口にすることがある。

しかし、シュタイナーの言うような「霊界」とか「霊魂の不滅」などということは話さない。

それは、私の子供たちから何度も確かめた。

シュタイナー思想はカルトではないうえに、そのシュタイナーの思想「人智学」などはグレネオンでは教えない。

したがって、グレネオンでカルト教育がされるなどということは金輪際ありえないことだ。

他のシュタイナー・スクールでも事情は同じだと思う。

ドイツのシュタイナー・スクールのように宗教教育をするといっても、それはあくまでもキリスト教の枠内の宗教教育であり、それがカルト教育と言われたら、キリスト教系の学校はすべて否定されなければならなくなる。

以上のことから、

(1)「シュタイナーの思想は霊だの魂だのを説くカルト的思想であり、シュタイナー・スクールではそのカルト的思想を教える」という批判はシュタイナーの思想についても間違った捉え方だし、シュタイナー・スクールに対する全く根拠のない中傷である。少なくとも、グレネオンではいかなるカルト的な教育も行われていない。

これは、他のシュタイナー・スクールについてもありえないことだ。

「人種差別主義」という批判

ではもう一つ、

(2)「シュタイナーの思想は反ユダヤ的で、白人優位の人種主義であり、シュタイナー・スクールも人種差別を教える」

という批判についてはどうだろうか。

シュタイナーは生涯に多くの著作を残したし、それ以上に非常に多くの講演を行った。シュタイナー自身が書いた著作と、講演をまとめたものが、スイスにある「ルドルフ・シュタイナー出版」から三百巻以上も出版されていて、さらに遺稿を整理して新たに出版され続けている。

私は自分自身で、そのシュタイナー全集に含まれる本を実際に読んだことがないので、はっきりしたことは言えないが、そのところどころに、反ユダヤ主義、または黒人、日本人、中国人などを劣った民族とし、白人を優越民族とする人種主義の言辞が存在するという。

この問題については、オランダの人智学教会の委託によって、弁護士のヴァン・バアルダが委員長である「人智学と人種問題についての委員会」によって精査された。

この委員会が作られたのは、ヨーロッパの雑誌やテレビでシュタイナーの思想が人種差別的な主義・原則を持っており、その人種差別主義がシュタイナー・バルドルフ・スクールでの教育に影響を及ぼす恐れがある、と騒がれたからである。

委員会はシュタイナーの著作集八万九千ページを四年にわたって調べて、問題がありそうな箇所を二百四十五探しだした。

これまでに、様々なメディアでシュタイナーと「人智学」を批判するのに持ちだされてきた箇所は約十二だから、委員会はその二十倍以上問題がありそうな箇所を探しだしてきたのだ。

この数の違いだけでも、人智学が人種主義と人種差別主義を体現したものかどうかの議論が、これまで粗雑で不完全な情報をもとに行われていたことを示すものだと委員会は言う。シュタイナー批判をする人たちより、委員会の方がもっと徹底的にシュタイナーを検証したということだろう。

委員会は探しだしてきた二百四十五か所を検討し評価して、そのうち十六か所について、もし現代の作家がその内容や記述を自分の意見として書いたら、重大な人種差別を表明したものとして、オランダの人種差別を禁止した法に違反したことになるだろう、と判断した。

委員会はその十六か所を不注意で問題があるか、ひどく差別的であるとした。

二百四十五か所のうち六十七か所は、二〇〇〇年現在において必ずしも差別的とは言えないが、適切な説明を伴わなければ誤解を招きやすいものとし、委員会はシュタイナー全集のその箇所には註釈をつけることを勧めた。

残りの百六十二か所については、差別的な性質を示すものではなく、註釈もつける必要はないと委員会は判断した。

その差別的とされた十六か所は、黒人、アメリカの原住民、アジア人、ユダヤ人について言及したものである。

ユダヤ人についてシュタイナーが二十七歳の時に書いた文章は、当時シュタイナーを自分の子供の家庭教師として雇っていた人間に、ユダヤ人に対して差別的だと言われ、シュタイナー本人が驚いたという。

シオニズム運動を始めたヘルツルに対してもシュタイナーは厳しい反対の立場を表明している。これらの点について、委員会は、次のように言っている。

●シュタイナーは十九世紀から二十世紀初頭に生きたヨーロッパ人である。当時のヨーロッパでは、ヨーロッパ人以外の人間や人種がヨーロッパ人と同じ人間性を持っていることは自明の理とはされていなかった。

その時に、シュタイナーは「ニグロも人間だ」と言った。

その言葉を今言えば、人種差別とみなされるが、その当時のヨーロッパ人の黒人に対する認識からすれば、シュタイナーのその言葉は差別よりむしろ黒人を自分たちと同等に扱い解放しようという態度の表明である。当時と今とでは言葉の使い方、意味が違うのだ。

●当時すでに実際に反ユダヤ主義が巻き起こり、ロシアでユダヤ人に対する迫害・ポグロムが頻発し大勢のユダヤ人がドイツやオーストリアに逃げ出して来ていたのに、ヘルツルとシオニストに対して、シュタイナーが「彼らは反ユダヤ主義を誇張して、自分たちの政治的野心のために利用している」と言ったのは、反ユダヤ主義の高まりを軽視した点で過ちである。

しかし、シュタイナーがシオニズムに反対したのは、シュタイナーは、「十九世紀の末には新しい時代が始まるだろう。その時代の特徴は、一つの国や民族にとらわれず、全世界を自国として考えるコスモポリタン的な要素であり、ナショナリスティックな傾向と人種差別を克服する努力である」と考え、「民族自決の権利に基づいて単一民族による国家をつくること」はその理想に反すると考えたからである。

さらに、シュタイナーは一九〇〇年頃から、考えを修正した。シュタイナーは当時亡くなったユダヤ人作家ヤコブスキーを囲む集まりの一員になったとき、反ユダヤ主義の危険を認識した。シュタイナーは、例えば「反・反ユダヤ主義協会」の発行した印刷物に書いた「恥ずべき反ユダヤ主義」という続きものの記事などで、繰り返し明白に、反ユダヤ主義に反対する立場を取った。とかくするうちに、シュタイナーは「反ユダヤ主義はユダヤ人にとってだけでなく、非ユダヤ人にとっても危険で」「反ユダヤ主義は文化的な病である」と明白に主張するようになった。

一九〇〇年代初めからヨーロッパに広まった『シオンの議定書』という本がある。これは、シオニストの会議でユダヤの長老たちが世界征服の計画を定めた、という内容でユダヤ人を貶め、反ユダヤ感情を煽り立てるものである。シュタイナーは一九一九年にこの本は反ユダヤの意図で書かれた偽書であるとその正体を割り出した。これは、イギリスの新聞タイムズが『シオンの議定書』が偽書であることを証明する二年前のことである（信じられないことだが、この『シオンの議定書』は日本でも翻訳され、まことしやかに宣伝されて、日本の長い歴史上まるで接触のなかったユダヤ人に対して反感を煽るような本が何冊も出版されている）。

以上のことから、委員会は、シュタイナーの思想が反ユダヤ主義を煽り、ナチスのホロコーストへの道を開いたという批判は全くの誤りであると結論づけた。

●先にも書いた通り、シュタイナーはコスモポリタン的な新しい社会の展望を描いたが、第一次世界大戦に対する反省から、シュタイナーは経済において友愛、法のもとでの平等、精神の世界では自由という、「人智学」的に言うところの三層構造からなる新しい世界観を発展させるために献身的に努力した。シュタイナーは、人種と民族の相互の理解のために、互いの違いを精査することを求めたが、人種的な違いは我々の時代ではもはや問題ではないという意見を持っていた。シュタイナーは文化的な多様性だけでなく、万国共通の原則としてすべての人々と人種の平等について議論している。

付け加えるなら、その当時の世界では、白人どうしの間でさえ、法の前で各人種が平等であることは自明の理とはされていなかった。実際に、第一次大戦後のベルサイユ平和会議において、国際連盟の規約に人種間の平等の原則を取り入れることが拒否されたのである。

●シュタイナーの八万九千ページの著作集の中で、前述の、今日の基準からすれば差別的とみなされる記述は、僅か〇・〇五パーセント以下である。

●「人智学」は本質的に人種差別主義ではありえない。「人智学」は人種に関して、社会的ダーウィン主義のように、突然変異によって変化して、優れた人種が選ばれたという理論は包含していない。

これらのことから、委員会は、シュタイナー・バルドルフ・スクールで人種差別的な教育が行われることはありえないと結論づけた。

この委員会は、オランダの「人智学協会」の委託で調査を行ったのだから、委員会結論は「人智学協会」の肩を持つものだ、と言う人がいるかもしれない。

しかし、私は、これだけシュタイナーの著作すべてを徹底的に調査し、問題と思われる箇所を探しだし、その中でも、十六か所は現在の基準からすれば差別的である、ときちんと指摘している点から見て、十分信頼できる調査だと思う。

委員会はこうも言っている。最近のシュタイナーと、シュタイナー・スクールに対する批判は、この七十年から百年近くにかけて、シュタイナーの思想に反対する人々が、折りあるごとに繰り返して行ってきた攻撃の一つである。十九世紀から第二次大戦前までの、二十世紀の他の思想家、シュヴァイツァーやヘーゲルと比べてみると、シュタイナーは人々が憤まんをぶつける対象として意図的に選ばれてきた犠牲者、であるという強い印象を委員会は抱く。

私もその通りだと思う。シュタイナーとシュタイナー・スクールを批判する人たちは、はっきりした根拠もなく、シュタイナーの思想はカルト的であるとか、シュタイナー・スクールではカルト的で、かつ人種偏見的な教育が行われている、などと言う。

シュタイナーとシュタイナー・スクールを批判する人たちは、この委員会のような徹底的な調査をしてから、批判するべきだと私は思う。

差別を許さない教育

ついでにグレネオンで人種差別的な教育が行われているかどうか、それは私の子供たちを見れば分かる。

私の子供たちは日本人である。差別を受けるどころか、教師たちに徹底的にオーストラリア人の生徒と分け隔てなく親切にやさしく教育してもらった。

グレネオンには私たちだけでなく、他にも、日本人、中国人などの生徒がいた。

もし、グレネオンで人種差別的な教育が行われているとしたら、アジア人など入れるわけがないだろう。

さらに決定的なのは、前にも書いたように、私の長女がグレネオンの高校の教師になったことだ。自分の卒業した学校に戻って教師になったのである。

これが、人種差別をする学校のすることだろうか。

一九七五年に発刊された、子安美知子さんの『ミュンヘンの小学生』を読んでも分かるが、三十数年前のドイツでも、日本人の子供を一切の差別もなくミュンヘンのシュタイナー・スクールは受け入れている。シュタイナー・スクールで人種差別的な教育などするはずがないのである。

もう一つ付け加えると、グレネオンでは心身障害者も受け入れる。精神的に問題があって他の学校が受け入れない子供も受け入れる。

私の長男の同級生に、精神的な発達の遅れた子供がいた。もちろん、そのような子供のための学校もあるが、両親としては一般の学校に入れたかった。しかし、他の学校は受け入れてくれない。ただ一つ、グレネオンだけが受け入れたのである。その子供は、長男に非常になつき、また長男もその子にやさしく接したので、その子の両親に感謝された。

以前の章にも書いたが、他にも、精神に障害のある子を受け入れていて、その子供に対し障害についての悪口を言った生徒は、その場で退学と決められていた。それくらい、障害のある子供も大事にするのである。それで、口さがない人々は「グレネオンは馬鹿の集まる学校だ」（この言葉が差別的であることは承知している。しかし、私は実際に世間の人がどんなひどいことを言っているかを知ってもらうために敢えてこの言葉を使った。私自身が差別的な意識を持っているわけではない）などと言うほどだ。

グレネオンでは、人種、障害などによるいかなる差別的な教育も行われていない。逆に、差別を許さない教育をしている。

これは、他のシュタイナー・スクールにも共通したことだと私は確信している。

一つ問題が残る。

それは、私自身がシュタイナーの思想を理解できないというのに、子供たちにシュタイナー教育を受けさせるのはおかしいのではないか、思想の統一がとれていないではないかという疑問を持つ人がいるかもしれない。

しかし、その疑問は私には当てはまらない。

私は、シュタイナーの思想の宗教的な面を、他の宗教同様理解できないと言っているのであって、シュタイナーの、子供の精神と肉体の発達状態に応じた教育をするという教育思想には共感するし、シュタイナー教育の、

●知識の詰め込み教育ではなく、精神の発達の段階に応じて、まず、心を豊かにすることを第一にする教育。

●個人の独立、個人としての確立を重視する教育。

●自然を大事にする教育。
●社会に対する責任を植えつける教育。
●音楽、美術、演劇などの芸術を大事にする教育。
●頭から、いかなる教義も教え込まない教育。

こういう点が非常に気にいったのであり、グレネオンではまさにその通りの教育をしてくれた。

教師の中にはもちろん、「人智学」を信奉している人間はいる。しかし、「人智学」を信奉している人たちは、非常に心やさしく、個人の人格と自由を尊重する。決して「人智学」を教え込むことはしない。

「人智学」とは無縁でも、上記のような教育法で子供たちを教育してくれるのなら、これ以上ありがたいことはない。

シュタイナー批判への結論

グレネオンは最近の恣意的な批判とは全く正反対に、カルトなどとは無縁の、心を豊かにする教育をする学校であり、すべての人種が打ちとけて学ぶことのできる学校である。
ただ、私はグレネオンが一番理想的な学校であるとは言わない。他にもいろいろある学校を全部自分の目で見たわけではないし、人の考えは千差万別だからだ。

子供をどの学校に入れるか、それは一つの人生の賭けである。それも重要な賭けである。
重要な賭けであるからこそ、子供の教育はすべて親が自分の責任で悩んで行うべきだから、私は他の人に対して、ああしろ、こうしろ、とか、あれがよい、これがよい、などとは言わない。

この本を書いたのは、まず私と、連れ合いと四人の子供のために、私たち夫婦の子育ての記録を残すことであり、次に、この本を読んだ誰かが、こんな教育をしてきた夫婦もいることを知って、それが何かの役に立てば嬉しい、と思ってのことである。

この章の目的は、シュタイナーとシュタイナー・スクールに対する、根拠のない批判というより悪意に満ちた中傷に反駁《はんばく》することである。

私としては十分に反駁したつもりだが、そんなことより大事なのは、私が子供たちをグレネオンでシュタイナー教育を受けさせたことに満足しているか、何か後悔することはないのか、ということだ。

私は、次のように言うことで、シュタイナーとシュタイナー・スクールに対するいわれのない批判に対する反駁を締めくくることにする。

私は何かの拍子にまた子供を持つことができたとしたら、迷わず、グレネオンに入れるだろう。

私の子供たちも、自分たちに子供ができたら迷わずグレネオンに入れるだろう。

それほど、子供たちはグレネオンで幸せだったという。

私たち夫婦も、子供たちも、グレネオンに出会えたことは人生で一番幸運なことの一つだったと思っている。

第七章

人間味あふれる学校

休みの時は徹底的に遊ぶのがオーストラリア流

これまで学業中心に見てきたが、子供たちがグレネオンと、学業以外にどう付き合ってきたか、ジャパン・プレスに書いた記事をもとに、振り返ってみたい。

《宿題なしで募る不安と焦り（JP一九九一年八月号）

六月の末から三週間続いた学校の冬休みが終わった。

他の州のことは知らないが、シドニーのあるニュー・サウス・ウェールズ州では四学期制であって、二か月ちょっとで一つの学期が終わる。学期の間の休みは春と秋が二週間ちょっと、冬が三週間ちょっと、夏がドーンと二か月近くある。土曜日も休みだから、年間を通して見ると学校に出てきて勉強する日数は日本に比べて大幅に少ない。

しかも、休みの間の宿題がない。私は毎年、夏休みの終わり近くになると、たまった宿題をかかえて死にたいような気分になったものだ。そんな思いをすることがないのは幸せではあるが、親の立場になってみると、こんなに遊んでばかりでいいのだろうかと考えこんだりもする。

最初に私の子供たちが通った小学校では教科書を自宅に持ち帰るのを禁止していた。オーストラリアに来たばかりで英語もよく分からなかったころなので、少しでも同級生に追いつけるようにと、週末に教科書の予習復習をさせようと私たちは思ったのだが、学校側は、「土、日は勉強なんかしないで遊びなさい」といって教科書の持ち帰りを許してくれない。しまいに、妻は子供たちに「先生に見つからないように持って帰りなさい」と命令する有り様。私たちは、日本人とオーストラリア人の休みに対する考え方がまるっきり違うのを痛感したものだ。

安息日に働いてはいけないというキリスト教の思想がその根底にあるからなのだろうが、オーストラリア人には休みの間に勉強するという発想はないのである。貧乏性な日本人である我々夫婦は休みがこんなに多くて、しかも宿題も全然出ないなんて、こんなことでいいのかしらと不安になるが、子供たちはすっかりオーストラリアの気風に染まり、今度の冬休みも徹底的に遊んで過ごした。

心配になった私は、子供たちに日本語で日記を書くことを日課として義務づけたが、そんなことではガリ勉、猛勉の日本の小中学生に学力で太刀うちできるはずもない。

オーストラリアの秀才は恐ろしくできるという話を聞いたことがあるが、確かにこんなに遊んでばかりの学校生活を送って、なおかつ世界的な基準でも優れた成績を挙げるのは、並の頭脳ではかなわぬことだ。

では、うちの子供たちはどうかと言えば、日本の学校に戻っても、ついて行くことのできる可能性が零に近づいていっていることだけは確からしい。》

本当に、オーストラリアでは土、日、夏休みなどの休暇には徹底的に遊ぶ。日本のように、夏休みの宿題もないし、夏期講習などもない。

日本の教育を受けてきた私たち両親としては、本当にこんなことでよいのかと心配になってしまうのである。受験勉強第一の教育は嫌だが、本当に意味のある勉強をしないのはもっと嫌だ、と思うからだ。

ま、遊ぶときには徹底的に遊ぶが、勉強するときには徹底的に勉強する、ということならいいだろうと納得せざるを得なかった。

次の年にも同じようなことを書いている。

《遊ぶのは大事だが、しかし（JP一九九二年二月号）

今年の夏休みにはまいった。

うちの子供たち四人に、バサーストで寮生活を送っている妻の甥（高校生）が加わり、全部で五人のアニマルどもが揃い、さらにそこに、それぞれの友達が来て泊まる。かと思うと、うちの子供たちが、友達の家に泊まりに行くから車で送ってくれと来る。

食事時も、子供たちの友達が加わってテーブルに座れなくなるくらいの人数になるかと思えば、子供たちが泊まりに行ってしまって、大人数の我が家には珍しくがらんと淋しい食卓に向かうことにもなる、といった案配で、毎日が暴動か市街戦か、という騒ぎ。

それより何より、とにかくあきれるのが、連中の徹底して遊びまくることである。

日本だったら、夏休みは受験生にとっては稼ぎ時で、塾だ、模擬試験だ、と大変なところだが、子供たちも甥もすっかりオーストラリア風を決め込んで、勉強をするどころか、昼も夜もと遊び疲れて、朝起こさなければ昼過ぎまで平気で寝ているしまつ。

普段でも、オーストラリアの学校は日本に比べて勉強の量が圧倒的に少ない。土日が休みで週休二日制だが、実際には金曜日の午後から、いや、もう金曜日は午前中からすっかり休み気分だから、実質的には週休二日半から三日という感じである。

そして、金土日の三日間は絶対に勉強しない。

それに加えての夏休みである。

しかも、二か月間だ！

私たちがオーストラリアに引っ越してきた理由の一つは、受験勉強で子供たちの魂を削る日本の教育体制から自分の子供たちを緊急避難させることだったのだが、最近は妻と二人で時々考え込んでしまう。

日本の受験勉強一本槍の教育体制も困ったものだが、オーストラリアのこの教育体制もいかがなものか。

受験勉強は下らないが、意味のある勉強は一生懸命しなければならない、と私は思う。

しかし、このままでは、受験勉強のもたらす地獄からは逃れられても、勉強をする習慣を身につけ損なうのではあるまいか。

オーストラリア人もふくめて西欧人は、余暇を楽しむのが人生の目的だと思っているようだ。仕事はそれに必要なお金を稼ぐための必要悪であって、生き甲斐だなんぞと思いはしない。勉強も同じで、学者、医者、弁護士のような特別な職業に就く気がなければ、とりたてて一生懸命勉強する必要もないのである。

そこのところが、私たちは釈然としなくて、日本とオーストラリアの中間くらいという具合にいかないもんかと、ため息つきつつないものねだりしているのである。》

我々貧乏性な日本の親は、オーストラリアのこの休みの期間に徹底的に遊ぶという生き方に不安を感じざるを得ないのだが、これがオーストラリアのやり方とあれば、従わざるを得ない。子供たちはといえば、もちろんオーストラリア風が一番だ。休暇期間中は大いに楽しんでいた。

考えてみれば、私も小学校から高校を通じて夏休みに宿題がなければどんなに楽しいだろうと思っていた。それが自分の子供たちには実現したわけだが、自分たちがそうでなかった分、もしかしたらひがんでいたのかもしれない。

しかし、その後の子供たちを見ていると、ちゃんと学問の大事さは認識して、全員自分から進んで大学に入って勉強を続けた。

この時期に、私はちょっと心配しすぎたようだ。何だかんだといっても、日本式の教育に私たち自身染まりきっていたのだ。

こんな不思議な習慣もある

学校での生活が日本と違うことも多い。次の話題も、その違いについてだ。

《学校でおやつを食べること（JP一九九五年六月号）》

毎朝、子供たちが学校へ行くまでの支度を見ていると面白い。弁当は私の連れ合いが作るが、子供たちはそれぞれに自分たちのおやつを用意する。オーストラリアの学校では午前十時にティーの時間がある。その時に、お菓子を食べたり、ジュースを飲んだりするのである。

こちらに来たばかりの頃、子供たちが学校にお菓子を持っていくのを知って驚いた。日本人の私からすると、とんでもない不真面目なことに思えたのだ。

しかし、考えてみると子供がおやつを食べたがるのは当たり前で、学校で昼食をとってよいのであれば、おやつを食べても悪い道理はない。むしろ、学校でおやつを食べることを禁止する方が理屈に合わないことである。良質なおやつを適当な時間にとることは子供の成長にも欠かせない。

なぜ日本の学校ではおやつを持ってくることを許さないのだろう。日本が貧しい時代は、子供におやつを持たせることのできる家庭は少なかったから、学校がそう決めたということもあるだろう。

しかし、日本は昔とは比較にならないほど豊かになったのに、いまだにおやつを持ってくるのを許す学校は、少なくとも公立ではほとんどないのは、勉強をする神聖な場所である学校におやつを持ち込むとは怪《け》しからん、という精神主義的な要素が大きく働いているのではないだろうか。あるいは、全校生徒に給食として同じものを与えないと気が済まない日本的平均主義の故かもしれない。

だが、最近私の見聞したところでは、学校や塾からの帰り道に子供たちがコンビニエンス・ストアなどでいろいろ買い食いするのは当たり前のことになっているようである。買い食いするくらいなら、自分の家からおやつを持っていった方が経済的にも栄養的にも数段有利だろう。コンビニエンス・ストアで売っているいわゆるスナック菓子は塩分が強すぎるうえに化学調味料が大量にぶち込まれている。そんなスナック菓子を食べながら、ポリ燐酸塩のしこたま入った清涼飲料水を飲むなどということを続ければ子供の体は駄目になってしまう。

私の子供たちが持っていくものを見ていると、全粒麦で作った固パンにバターを塗った上に更にオーストラリア名物のベジマイトを塗ったもの（ベジマイトとはイーストを加工したもので、色は黒に近い茶色、匂《にお》いも味も日本の味噌《みそ》に似ている、発酵食品である。しょっぱいから固パンには薄く塗る。オーストラリア独特の食べ物らしく、外国暮らしのオーストラリア人はこのベジマイトに大変な郷愁を覚えるという）、ニンジンの細切り、ピーマンの細切り、季節の果物、それにジュースなどで、学校の方針もあってなるべく自然なものを選んでいるようである（オーストラリアのニンジンやピーマンは日本のものと違って甘くて香りもよいので、子供たちがおやつに喜んで食べるのだ）。

自分の好きなものを学校に持っていって食べることのできるオーストラリアの子供たちは幸せだと思ったが、ふと私は中学や高校の時にした「はやめし」を思い出した。教師の目を誤魔化して午前中の二時間目か三時間目に弁当を食べてしまうのである。教師の目を誤魔化して食べるという罪悪感と、見つかったらどうしようとはらはらどきどきする感じが何とも言えず楽しかった。正々堂々とおやつを食べられるのでは却《かえ》ってその楽しみは得られない。

であるならばオーストラリアの子供は不幸だと敢えて言ってしまおうか。》

学校におやつを持っていくという習慣には、最初のうち私たち親は抵抗を感じた。学校は勉強に行くところなのにおやつなんか持っていくなんて、と日本風に、学校では謹厳実直、勉強一本でいかなければならないという学校観にとらわれていたのだろう。

ついでに、オーストラリアの学校で不思議で仕方がないことがある。それは、昼食は教室から出て外で食べなければならないということである。雨の日も教室の外だ。探せばどこか屋根が外に大きく突き出ているところがあるからそのあたりで食べる。雨の日は教室でよいのではないかと思うのだが、そもそもオーストラリア人は雨に濡れることを全く気にしないのだ。シドニーでは雨の日に傘を差さないで濡れて歩いている人間の姿をよく見かける。ちょっとでも濡れることを嫌がる日本人とは大違いの感覚だ。

学校では昼食を必ず教室の外で食べなければいけない、という感覚も我々には分からない。

グレネオンは校内に大きな岩がごろごろしたり、適当な大きさの広場、そしてグラウンドがあるので、みんなそれぞれ仲間で集まって食べている。私たちから見れば、毎日ピクニックをしているように見える。

昼休みにはグラウンドでサッカーやバスケット・ボールをして遊ぶのが人気があるが、子供たちは昼飯を食べながらサッカーに興じたりしている。みんなサンドイッチなので、なんとかこなせる。

次男の同級生の日本人の子供は、弁当箱と箸を手に持って、弁当を食べながらサッカーをするというから驚いた。

昼食は教室の外、というのは最初に通ったロカット・バレー・スクールでも同じだった。オーストラリア全体で、こういう決まりになっているらしい。

「いい加減」が身についた国民性

日本の学校は規則が厳しい。

宿題の提出日が一日遅れても受け付けてくれなかったり、大きく減点されたりする。

それからすると、グレネオンは融通のきくところがある。

《規則一点張りよりも……》（JP一九九五年八月号）

先日、次女が私に、広重か北斎のことについての本を貸してくれ、と言ってきた。学校の宿題で、そのどちらかについて何か書かなくてはならないのだという。話を聞いてみると、宿題提出期日までぎりぎりの時間しかない。北斎の画集を貸してやって、次女はそれを材料に何とか宿題を仕上げた。期日に間にあってよかった、と連れ合いと安心していたら、次女が帰ってきて、宿題ができていない生徒が多かったので、期日が延期になったという。私も、連れ合いも呆れてしまった。

それじゃ、ちゃんと期日までに出した人は、遅れた人よりよい点数をもらえるのか、と尋ねると、次女はけろっとして、そんなことはないんじゃないの、と言う。それは、あまりに不公平だ。期日に間にあうように一生懸命に頑張った人が損をするじゃないか、と私は息巻いたのだが、当の本人の次女は、まあ、よいじゃないの、と気にもしていない。

私と連れ合いは、次女がせっかく一生懸命に頑張ったのに、他の怠け者と一緒にされるなんて馬鹿馬鹿しい、とふくれてしまったが、考えてみれば、うちも似たようなことで助かったことがある。

長女が、これはＨＳＣ（高校卒業資格試験）の点数に加えられる大事な提出物で、やはり期日ぎりぎりに仕上げなければならないことがあった。ほとんど徹夜で仕上げて、もう完成というところで悲劇が起こった。長女はコンピューターを使って仕上げていたのだが、ろくに眠っていなかったので疲れが出たのだろう、指が滑って押してはいけないキーを押してしまった。一瞬にしてすべてのデータが失われ、完成間際の作品が消えてしまったのである。私が、長女にコンピューターの使い方を教えるときに、一番大事な、データのセーブの仕方を教え忘れたのである。

長女は茫然《ぼうぜん》自失となるし、連れ合いはせっかく努力した長女が可哀相《かわいそう》だと発狂状態、私としてもどうしてよいやら分からない。思いあまった連れ合いが、学校の先生に事情を説明した手紙を書くという。肝心の内容はできているのだから、コンピューターに打ちなおす時間さえくれれば、提出することはできる。

そんなことは受け付けてくれっこない、と私は言ったのだが、そこが母の強さだ。本当に書いてしまった。すると、学校の教師は、では大急ぎで家に帰って午後三時までに仕上げてきなさい、と言ってくれたのである。私たちは、全く地獄に仏だと思った。

おかげで、長女は作りなおすことができて、満足できる点数をもらうことができた。

日本だったらこうはいかない。どんなに出来がよくても、期日に遅れたら受け取ってもらえない。ましてや、それが重要な卒業資格試験に関わるものとなればなおのこと厳しいだろう。

私は自分勝手な性格で、次女の時には、何といい加減な教師だと怒り、長女の時には教師たるもの、そこまで生徒の将来のことを考えてやって当然だ、と満足するのである。

オーストラリアの教師は、日本人からすればいい加減かもしれないが、規則一点張りより人間的なのかもしれない。》

どうも、私たちは身勝手であって、オーストラリア人が時間を守らなかったり、仕事の期日が延び延びになったりすると、「オーストラリア人はいい加減なんだから」と怒ったりするくせに、こういう場合は、オーストラリア人は人間的でよい、などと喜んだりする。素直に、オーストラリア人は鷹揚《おうよう》でいい性格をしている、と認めるべきなのだろう。

シビアだが楽天的な人々

グレネオンは私立の学校にしては学費が高いわけではないので、経営も楽ではない。そこで、授業料以外にも収入の道を考えなければならない。

長男長女がグレネオンを卒業した後、こんなことがあった。

《**学校とお金**（JP一九九六年六月号）

去年まで、グレネオンに、うちの子供たち四人全員が通っていたのが、長男長女が卒業して、次女と次男の二人だけになった。それでは学費が半分になったかというとそうではない。

オーストラリアの学校が全部そうなのかどうか知らないが、この学校は子供の多い家の経済のことを心配してくれて、一つの家から何人か通っていると、二人目から授業料が割引になる。二人目が一割引き、三人目が三割引き、四人目からは極端で、何と七割五分引きになる。

去年までうちは四人通っていたから、一番下の次男は七割五分引きの恩恵を享受していたわけである。結局四人で三人分より少ない授業料で済んでいたのが、今度は二人だから、二人分弱の金額になる。半分にはならない。

なかなか太っ腹な学校に見えるが、何しろ小さな学校で財政的な基盤はないに等しいから、運営のための資金集めは極めて熱心である。

それぞれの家庭のできる範囲で、それ相応の寄付をするのは当然のことである。私の家でも、子供の人数に応じた寄付をしているが、困ったのは寄付金を集める委員からシドニーに事務所をおく日本の企業に寄付を頼めないだろうかと相談されたことだ。

西洋社会では、企業が社会奉仕の一貫として学校などに寄付するのは珍しいことではないのは私もよく知っているけれど、日本の企業が、関係のない私立学校に寄付金を出すとは私にはとても思えず、不可能だといって断ったが、オーストラリア人の楽天的な性格には感心した。

寄付金集めも熱心だが、自力で金を稼ぐ活動も積極的に取り組んでいる。毎年、オーストラリアの工芸家の作品を集めて「クラフト・エキスポ」を学校で開くのも、資金集めの活動の一つである。木工、彫金、陶芸など、様々な工芸作家が自分の作品を持ってきて展示即売をする。その売り上げのいくらかをグレネオンがもらう。

それだけならいいのだが、一人五ドル入場料を取る。さらに車で来ると一台五ドル駐車料金を取る。三人連れで車で来ようものなら、入るだけで二十ドル取られてしまうことになる。一人七ドルも出せば中華街で美味しい焼きそばが食べられることを考えると、これはちょっとした金額だ。

準備と後かたづけは生徒が主になって行うが、当日の管理運営には、父兄も駆り出される。うちも当日は、連れ合いと次女、それに卒業生である長女も手伝いに行った。入場料と駐車代を徴収する役目だったが、あまり高い金額なので言い辛くて困ったと連れ合いはこぼしていた。

そして今度は、教師、卒業生、生徒たちが協力して「ペール・ギュント」を上演するのを、金を取って見せるのだという。そんな素人の芝居を誰が金を払ってまで見るものかと思うが、何と八回も上演するというから驚く。

驚き、呆れはするけれど、こんな小さな学校を何とか維持していくために学校も親たちも必死になって資金集めの方策を考えているわけで、私たちも見に行かなければならないだろう。

何といっても、うちの次女と次男もオーケストラの一員で、日曜日も学校に行って六時間も猛練習しているのだから。》

と、うっかり書いてしまったのだが、これが私の勘違いだった。

《**学校とお金・前回の訂正**（ＪＰ一九九六年七月号）

前回私は、うちの次女と次男の通っているグレネオン・スクールが「ペール・ギュント」を公演するのを学校の資金稼ぎのためと書いたが、それは私の誤解であると連れ合いと子供たちから厳重な抗議を受けた。

今回の公演の目的は生徒たちに質の高い演劇を体験させること、学校全体が一つの共同体としてその公演を成功させることを体験すること、地域の人たちにグレネオンの教育の素晴らしさを反映した演劇を提供すること、そして最後に、もしかして学校のための資金を増やすことができたら、というものだったのに、私は最後の項目にだけ目を向けてしまったという訳だ。

グレネオンではシュタイナー教育の趣旨にのっとって一九七八年以来何度か本格的な演劇を上演してきた。今回もその延長上で行われたものであり、学校にとっては大事な催し物であるから、毎日夜遅くまで練習するのはもちろん、日曜日も練習するほど熱を入れたのである。

芝居を演ずるのは主にグレネオンの教師と卒業生で、うちの次女と次男はオーケストラの団員として参加した。十一歳の次男にとって毎晩十時過ぎまで練習するのは酷だったが、学校側の熱意が伝わって子供たちも頑張ったのだろう。次男は、前の晩遅くまで練習があって次の朝眠くても、遅刻せずに登校した。性格的に完全主義者なので意地を張ってのことだろうが、それだけ気合いが入っていた証拠でもあるだろう。

全部で八回公演をして、最後の日の回は終わったのが夜の十一時過ぎ。主役を演じた教師は感極まって泣き出したそうだ。そのまま生徒たちまで参加してお開きのパーティーに移り、うちの子供たちが帰ってきたのは夜の一時を過ぎていた。次女も次男もくたくたになっていたが、大きな仕事をやり終えた達成感で気分が高揚しているのが見て取れた。この公演で大事な役割を担ったオーケストラの子供たちはご褒美としてペンギン・ブックの『ペール・ギュント』をもらった。

頑張りすぎたために、次女と次男は疲労困憊《こんぱい》してしまい、元どおりに回復するのに一週間かかった。次女はそのあとすぐに学期末試験が始まるという悪条件で、今学期はよい成績が取れそうにない、と弱気になっている。連れ合いは、オーケストラで頑張ったんだから先生も点数を付けるのにその辺のこと考えてくれるんじゃないの、などと甘いことを言っているが、私としては、たとえ今回試験の成績が悪くても、それに見合うだけの収穫を演劇の公演にオーケストラの一員として参加したことで得ているのだから、それでいいではないかと思っている。

ま、そういうわけで、今回の公演が資金稼ぎのためではなく、本当は前記のような優れて教育的なものであったことを、グレネオンと関係者一同、なかんずく、うちの次男と次女の名誉のために、申し述べておく。

だが、私としては学校の資金稼ぎであっても、少しも構わなかったと思っている。自分たちの教育の場を守るために必要な金は自分たちの努力と工夫で稼ぐというのはそれ自体立派な教育活動であると考えるからだ。

最後に付け加えると、今回の公演は、金を稼ぐどころかやはり赤字だったそうである。》

このような次第で、私は学校も子供たちも、深い意味合いと動機を持って行った「ペール・ギュント」の公演を、ただの金もうけのように書いてしまって、連れ合いと子供たちに激しく叱られた。

「学校とお金」の最初の回の原稿は、「ペール・ギュント」の公演前に書いたので、実態を知らなかったからだ。実態を知らずに思い込みでとんでもない記事を書いて、シドニーの日本人の世界では大変に多く読まれているＪＰに掲載してしまったのは、大失敗だった。

実際は、二回めに書いたように、「ペール・ギュント」の公演はグレネオンにとっては重要な意義のある催し物であり、教師たちも生徒たちも準備に全力を尽くす、極めて教育的なものだった。

次女と次男の打ち込み方を見て、そういえば、私も小学校の時の学芸会や音楽の演奏会の時も興奮したものだと思い出した。

グレネオンの場合、私の体験した学芸会よりもっと本格的なものを目指していて、入場料を取るのもその意欲の表れだったわけだ。

とにかく、この公演は、次女と次男にとっては深く思い出に残るものとなった。

グレネオンはよいことをしてくれたと感謝している。

日本への反応あれこれ

私の家は学校から近いせいもあって、子供たちの同級生たちがよく遊びに来ていた。

夜、お茶を入れに食堂に入っていくと、子供の友人たちが集まって、お茶とお菓子でわいわい楽しげに騒いでいる、などということがよくあった。

特に、次女の友人たちは我が家の食堂の常連であって、冷蔵庫の中に何が入っているか私より詳しい。

私が冷蔵庫を開けようとすると、次女の友人が「何が欲しいの」と私に尋ねる。これこれが欲しいと言うと、さっと冷蔵庫を開いて私の欲しいものをとりだしてくれる。

我が家の冷蔵庫はあれこれといろいろなものが詰め込んであって、何がどこにあるのか、連れ合いや娘たちでないとすぐには分からない。ところが、次女の友人たちは熟知していて、私の欲しいものをすぐに出してくれるのである。

次女の友人に冷蔵庫から出してもらったものを食べながら、何だか変な話だなあ、と思った。その次女の友人たちと、東京で楽しい時間を持ったことがあった。

《グレネオンの生徒たちと東京で（ＪＰ一九九七年九月号）

少しばかり話が古くなるが、六月の末に、グレネオンで日本語を学んでいる生徒たちが、日本へ行った。グレネオンのあるウィロビー市と杉並区とは友好関係にあるので、グレネオンの生徒は杉並区の家庭にホームステイをして区立の中学校に体験入学させてもらえることになったのだ。もちろん、その他に日本の各地を見て歩いて日本文化をじかに体験するのも、目的の一つである。

日本で小学校の一年までしか行っていない次女は、日本語を正課として取っているので、他の生徒と一緒に日本に行った。日本語担当の教師は日本橋出身の日本人女性であるが、次女が助けになってくれるものと期待しておられたらしい。

ところが、次女は生まれも育ちも神奈川県の横須賀市秋谷である。

葉山の皇室の別邸まで車で二分という距離にあるところからご想像がつくとおり、田舎である。横須賀線には辛うじて乗ったことはあるが、その他の鉄道や地下鉄は話に聞いたことがあるだけで、乗ったことはない。第一、東京にはほとんど行ったことはないので、地理は皆目分からない。

担当の先生の当ては完全に外れてしまった。それでも、少しはお役に立てるところもあったようだが、基本的には他のオーストラリア人の生徒と一緒になってお上りさんを決め込んで先生のご厄介《やっかい》になってしまった。

十五、六歳という多感な年頃の子供たちが、日本にどんな印象を持つのか、愛国者の私としては非常に気になったのだが、おおむねよい印象を抱いてくれたようで安心した。

私も次女の旅程に合わせて日本に行ったので、次女とその同級生たちと夕食を共にする機会を持つことができた。オーストラリア人の子供たちは食べることのできるものの範囲が非常に狭いことをよく知っているから、何を食べさせるか考えたが、自然養鶏の素晴らしい鶏を食べさせる店があるのでそこに連れていった。鶏ならオーストラリア人も大丈夫。焼き鶏、鶏鍋《とりなべ》、親子丼と平らげた。

次女の同級生たちと話す機会を持てたのもよかった。次女の同級生たちは心が柔らかく真っ直《す》ぐで、しかもオーストラリア人らしく陽気で、楽しかった。話しているうちに、昔、自分が高校生だったときの気持ちを思いだした。

その場ですっかり盛り上がってしまい、シドニーに戻ったらまたパーティーを開こうということになった。

その約束通り、先日、その時の生徒たち全員が私の家に来てくれて、また楽しく騒いだ。子供のおかげでこんな楽しみを味わえるのだから、父親業もまんざらではない。》

子供たちは、大学を卒業した現在でも、グレネオンの同級生たちと仲よく付き合っている。必然的に、私も付き合わせてもらっている。

一昨年は『美味しんぼ』の「日本全県味巡り」で青森県を取材するのに、長男の中学の時からの親友P君を連れていった。青森県の人たちはオーストラリア人が一緒に来たので驚いていた。P君の母方の曾祖父《そうそふ》の父E氏は明治の初めに日本に鉄道を敷くために技術者としてやって来て、日本で亡くなったという。

大学の時に、そのE氏のことを調べにP君は長男長女と一緒に日本へ来た。

調べてみると、日本という国は凄《すご》い国で、明治の初年に来て初めて鉄道を敷設した技術者ということで大事にしたのだろうが、その墓がなんと横浜の外人墓地にあって、しかも立派な碑まで立っていたのだ。その碑を見たP君は激しく感動した。

E氏の死後、日本政府は未亡人が亡くなるまでE氏に支払ったと同じ金額を払い続けたという記録も残っていた。今の金額に換算すると莫大な額である。

P君は以前から日本びいきだったが、その一件からさらに日本を好きになってくれた。私も、日本という国は大変に義に厚い立派な国だったのだということを知ることができて嬉しかった。

昨年の夏は私が仕事で東京のホテルに滞在して原稿書きに追われていたら、次女から電話が掛かってきて「シャワーを浴びさせて」という。ちょうど一緒に日本へ来ていた同級生と道を間違えて長い距離を歩いてしまい、有楽町に着いたときには汗だくだくになってしまったので、有楽町から近い私の宿泊しているホテルでシャワーを浴びさせてくれというわけだ。

次女と同級生の二人が来てシャワーを浴びて、暑いから外に夕食を食べに行くのをやめて、ルーム・サービスをとって食べながら、日本対オーストラリアのサッカーの試合を観よう、ということになった。次女の友人の母親は日本人だが父親はオーストラリア人なので、自分はオーストラリア人の意識が強く、日本対オーストラリアのサッカーの試合で私と次女が日本を応援すると、「どうしてオーストラリアを応援しないの」と怒っていたのがおかしかった。

二十年シドニーに住んでも、次女は心から日本人だから、何が何でも日本を応援するのだ。日本とオーストラリアの試合で、間違ってもオーストラリアを応援することはない。そこが、父親がオーストラリア人の同級生との違いだと面白く思った。オーストラリア人を父親としてオーストラリアで生まれて育った同級生は、母親が日本人であっても、自分自身のアイデンティティはオーストラリア人なのだ。

「シュタイナー教育を全うしたい」

その次女が、グレネオンの十三年生まで進みたいと言いだした。

《もう一年（ＪＰ一九九八年十一月号）

次女は今年十二年生。来週からＨＳＣ（高校卒業資格試験）が始まる。その割にのんびりしているのは、次女は十二年で卒業せずに十三年生まで進むからである。グレネオンの教師たちは以前から、十二年生になるとＨＳＣに力を注がなければならないので、シュタイナー教育の最後の仕上げをする余裕がないのを不満に思っていた。それではシュタイナー教育を全うできないというのである。学校としての力がつき、環境も整ったので、希望する者は十三年生まで進む道を開いた。

すると、次女は十三年生まで行きたいと言う。

私も連れ合いも、高校あたりでのんびりしていないで早いところ大学に入った方がよいのではないかと思ったが、本人がどうしても行くというのであれば、特に反対する理由もない。

若いときに一年や二年遠回りしても長い人生の間にはなんということもない。私も連れ合いもシュタイナー教育が大いに気にいっているので、十三年生まで行ってシュタイナー教育を全うさせるのも意味がある。三十人ちょっとの同級生のうち、次女も含めて十人以上が十三年生まで進むという。

次女にとってHSCの本番は来年ということになる。他の同級生たちはHSCで頭に血がのぼっているのに、そんな訳で次女はのんびりできて結構だが、誤算が一つあった。

それは、今年の卒業式に次女は下級生たちと一緒に、同級生たちを送る側になるということである。卒業式の後のフォーマル・パーティーはどうするのだろう。来年、今の下級生たちと一緒にやってもなんだか気が抜けたような気がするのではないだろうか。

ま、それにしても、修業年限を学校によって伸ばしたりできるところが日本とは大分違う。日本では最近成績のよい高校生を二年終了で大学に入れる「飛び級」制度が始まったようだが、それとは逆に修業年限を一年余計に伸ばすなどということは日本では思いも寄らないことだろう。

一番の心配は、仲よしの友達が十二年生で卒業してしまうので、次女は淋しくなるのではないかということだが、人生の一こまとしてそういう経験をするのも悪くはない。

人間はどうせ死ぬのだから無闇《むやみ》に生き急ぎする必要はない。普通より一年多く高校生活をすることで、十二年で終わるのでは得られない何かを掴めば上首尾だし、別に何も掴めなくても、青春前期をのんびり過ごすだけでも意味があるだろう。二年がかりでHSCというのは鬱陶しいが。》

などと、鷹揚に理解のあるような風を装って書いているが、当時の私と連れ合いの気持ちは複雑だった。

確かに、シュタイナー教育を全うすることは大事だが、そのために一年普通の人より遅れることが、次女に将来不利なことになるのではないかと不安になったのだ。

しかし、考えてみれば、私は病気・浪人・留年、そのすべてを重ね普通の人より五年遅れて大学を出た。

しかし、自分の人生でそんなことは何の問題にもならなかった。むしろ、いろいろと体験することが普通の人より多かったので、その方が人生では役に立ったと思う。

私の五年に比べれば、年くらいどうということはない。それに、長男長女も、オーストラリアに来たときに一年遅らせている。それを考えれば、次女が十三年生まで進みたいというなら、そうさせた方がよい、と最終的に納得したのだ。

今、既に次女が大学を卒業して獣医の職に就いている現在、振り返ってみると十三年生まで進んだことでよかったことはあるが、悪いことは何一つなかった。

それに、いろいろ考えて、シュタイナー教育を全うすることには価値があると私と連れ合いは思ったからだ。

しかし、次女の同級生たちの大半は十二年生で卒業する。それで、ちょっと複雑な思いをした。

《次女の半分卒業式（ＪＰ一九九九年二月号）

次女が十二年生を終了した。といって、卒業というわけではない。次女は、シュタイナー教育を全うするために、やはり同じ志を持っている仲間たちともう一年グレネオンに残る。二十八人の同級生の中で最終的に残ったのは八人、卒業するのが二十人。で、後に残る八人も他の仲間たちと一緒に卒業式と、それに続くフォーマルと呼ばれる卒業記念パーティーに出ることになった。

暑い真っ盛りの卒業式は我々日本人にとっては気分が出ないが、形式張った日本の学校の卒業式とは大分違って、式の途中に生徒たちの歌あり、楽器の演奏あり、スピーチありという、生徒たちによって自主的に進行される気持ちのよいものだった。

フォーマルは、学校とは見当違いの方向にある元尼僧院だったのを改装した貸しホールで行った。

次女は長女が卒業式の時に着たのと同じ着物を着た。元々その着物は、私の連れ合いの母親のもので、それを連れ合いがもらって、それをまた娘たちが着るという母娘三代にわたるものなのである。

連れ合いの母親の両親は一人娘だった母親のためにずいぶん奮発したようで、六十年以上経っているはずなのに、その着物はいまだに見事な美しさを保っている。

長女の時もそうだったが、着物を着た次女は、ドレス姿の同級生たちを圧倒した。日本人に比べて体格のよい同級生の女の子たちがパーティー用のドレスを着ると、なかなか迫力があるのだが、着物はその迫力をしのぐ力を持っているのである。

今年の正月に隣家の韓国人の娘さんを招待したら、韓国のチマチョゴリで盛装してきてくれた。そのチマチョゴリも実にあでやかで美しく、その娘さんを引き立てていた。

やはり、民族衣装というのはそれぞれの民族を最高に美しく見せる大変な力を持っているものであることを痛感させられた。日本人女性には、パリ・コレクション、ミラノ・コレクションなんかじゃない、やはり、着物が一番だろう。

次女の同級生たちは、次女を囲んで大騒ぎした。そういう時、長女は恥ずかしがって控えめになるのだが、次女は得意になって格好をつけて見せびらかす。同じ姉妹でも、性格は違うものである。

こうして、卒業式もフォーマルも終わったが、次女の本当の卒業式は一年後になる。とすれば、今回の卒業式は、半分卒業式ということだろうか。どうも、中途半端で宙ぶらりんの感じがするのだが、ま、これも面白い経験だ。》

という具合に、次女は、大半の同級生たちと一緒に、一応卒業式を済ませておいて、翌年、本当の卒業を迎えた。

素晴らしき「贈る言葉」

オーストラリアでは、卒業式の前に、マック・アップ・デイというらんちき騒ぎの日がある。時によっては、生徒たちがはめを外しすぎたり、学校によっては、教師に対する恨みを晴らすために乱暴なことをして問題になったりする。このマック・アップ・デイの前日は、教師たちは戦々恐々とするらしい。

では、次女たちの、マック・アップ・デイについて。

《次女の学年のマック・アップ・デイ その1（JP一九九九年十一月号）

せんだって、次女の学年のマック・アップ・デイがあった。muck-up とは、汚すとか台なしにするという意味で、オーストラリアに住んでいる方なら先刻ご承知のことと思うが、高校を卒業する前に一日だけ卒業生はらんちき騒ぎをするのが許されているというか、習わしになっていて、その日をマック・アップ・デイというのである。

毎年この時期になると、校内で騒ぐだけでは収まらず、ついでに学校の外に飛び出して公共物を破壊したり、度を越え過ぎて警察の厄介になる高校生たちが新聞やテレビで報道される。

グレネオンでも過去にいろいろな騒ぎがあったようで、今年はマック・アップ・デイの前に、これだけはしてはいけない、という禁止条項が学校から生徒たちに言い渡された。

しかし、そんなことでめげる生徒たちではない。次女はグレネオンが始めた十三年制の第一期の十三年生だが、今年卒業する十二年生たちと一緒に企みをめぐらせ、禁止条項の網の目をくぐって、しっかりとマック・アップをやらかした。

面白いのは、先生たちが生徒たちに返礼をしたことである。返礼といっても、らんちき騒ぎを仕返したわけではない。講堂で生徒たちを集めて、歌を歌ってくれたのである。歌といっても、ただの歌ではない。趣向がある。曲は「Those were the days」、日本では「悲しき天使」という題名の美しい曲だが、その後半の部分に、先生たちが卒業生一人一人に合わせて作った歌詞をはめ込んで歌うのである。

先生たちが壇上に並んで歌い出すと、やんやの喝采《かっさい》が上がった。それもそのはずで、先生たちの作った歌詞は、皮肉だったり、滑稽だったりするが、一人一人の生徒の特徴を巧みに捉えていて、それがつぼにはまると、歌われた当の生徒も仲間たちも大笑いで、大いに盛り上がったのだ。先生たちが、いったいどんな歌を歌ったのか、少しばかり紹介して見たい。

《次女の学年のマック・アップ・デイ その2（JP一九九九年十二月号）

次女たちのマック・アップ・デイの後、先生たちが、お返しに生徒たち一人一人について歌った歌をいくつか紹介しよう。

例えば、次女たちの仲よしの男の子でBという生徒がいる。Bは変わった子で、男の子なのにいつも次女の仲よし三人組の女の子と一緒にいる。とてもやさしい心根の子で、次女の誕生日には自分でケーキを焼いてきてくれる。そのBに対する先生方の歌は、

「Bはいつも彼の大勢の友達にはベストを尽くす。
彼の作るケーキ『ふじ』を超えるものはない。
語学力があるので、彼はカンタスに勤めようと思っているが、
どうか、私たちをファーストクラスにアップグレードしてくれるのを忘れないでね」
というもので、Bのことをよく知っている私たちはその文句を読んで笑ってしまった。
Eという女の子には、
「Eはとても賢い娘、
彼女は上品に優雅に踊りを踊る。
彼女の気分は時に砂糖のようで時に反抗的、
彼女が馬をあちこち乗り回すように」
Eという女の子の性格がうかがい知れるではないか。
ほとんど出席しないで卒業できなくなったYという生徒には、
「Yは、いつもいない。
でも、心配ない。彼は上手に玉を突く。
玉突きのキューは彼の第二の友人だ。
でも、いつの日か、彼はホールで演奏するロックスターになるだろう」
と、やさしい。
で、私の次女には、
「Yuki is a serene and special beauty.

On top of that she tops her classes too.
To animals she'll give her gentle manner and after all these years.
We will miss you.」
というものだった。そのおよその意味は「遊喜は気持ちのいい美しい子。クラスでもトップ。彼女は動物にもやさしい。あなたがいなくなるとさびしいよ」といったところだろうか。
そして最後に先生たちは、本歌の「Those were the days」をもじって、次のように歌った。
「終わることなどないと思っていたあの日々よ、
でも、あなたたちは自分たちの選んだ人生を生きなければならない。
あなたたちは戦わなければならない。
でも、あなたたちは絶対に負けない。
なぜなら、あなたたちは若いし、自分自身の生きる道を知っているから」》

私は教師たちが子供たちのために歌った歌の文句を読んで感動した。
何という素晴らしい教師たちだろうと思った。
また、こんな歌を一人一人に作ってもらった生徒たちは幸せだと思った。
次女もこんな歌を作ってもらって照れていたが、やはり嬉しく思っていたようだ。
子供たちのいたずらに対して、味なことをする教師たちである。
これが、グレネオンだと私は思った。

感動的な卒業式

そして、いよいよ次女が十三年生を終わり、本当にグレネオンを卒業する日がやってきた。

《次女の卒業（JP二〇〇〇年一月号）

次女が、グレネオンを卒業した。グレネオンは次女の年から十三年制を始めて、普通十二年生（日本で言えば高校三年生）で卒業するところを、希望する者は十三年生まで続けることができるようにしたのである。十二年制では、最後の十二年が、HSC（高校卒業資格試験）のために力をそがれて、シュタイナー教育を全うできないのを不本意に思っていた学校は、次女の年から十三年制を取り入れ、HSCとシュタイナー教育を全うすることを両立させる道を開いた。次女はグレネオンの最初の十三年生の一人である。

次女の十二年生の仲間のうち三分の一弱が十三年生まで進んだ。残りの十二年生が卒業した去年、次女は、卒業生のためのフォーマルというパーティーに参加して、気持ちとしてはとっくに卒業したようなもので、今年の十二年生のフォーマルには参加しなかった。

卒業式も、卒業証書はもらわなかったものの、去年、十二年生の卒業式に付き合っており、なんだか卒業式を二回したような感じになった。

長女と長男の卒業式、去年の次女の十二年生の卒業式、そして今回次女の本番の卒業式と、私たちはこれまで三回グレネオンの卒業式に出たことになる。

途中、一人の古顔の教師が延々と長い演説を始めてみんなうんざりしたが、それを除けば、今までの二回の卒業式に劣らず今回もなかなか味のある感動的な卒業式だった。何よりも、生徒たちが式を自分たちで運営するのが素晴らしい。自分のグレネオンに対する思いを語る生徒もいる。例によって、途中で卒業生たちによる音楽の演奏や歌が入って、気分が盛り上がる。

今、日本では、卒業式に「君が代」を歌うか歌わないか問題になっているようだが、グレネオンの卒業式を見ていると、日本のそんな騒ぎが、人間の本質からかけ離れた愚劣なものであることがよく分かる。

日本では、卒業式に天皇を賛美する歌を歌わないと「日本人であることをやめろ」という人間が跋扈《ばっこ》しはじめたようだ。貧すれば鈍するとはよく言ったもので、経済不況に陥って自信を失った日本人の中には、「民族主義」に回帰することで力を回復することができるような錯覚に陥っている人間が少なくないようだ。

グレネオンで過ごしたような素晴らしい日々を、次女は日本の高校で過ごせただろうかと考えると、肯定することはできず、熱烈な愛国者である私は、複雑な思いで、卒業式の会場を離れたのである。》

そんなこんなで、次女はグレネオンを卒業した。

連れ合いに言わせれば、次女は甘えん坊で弱虫なんだそうだが、私から見ればえらく活発である。二十歳を過ぎたらそんなことはなくなったが、私は次女が家の中を歩いているのを見たことがない。いつも走っている。廊下を走るのはもちろん、階段は駆け降りる。体中にエネルギーが余っている感じである。

次男が小学校の一年生かそこらの時、二階の手洗いの扉が開いていて、ふと中を見ると、便器の横に次男が座って漫画の本を読んでいる。首に紐《ひも》が結んである。

私はいぶかしく思って、「太陽、そこで何をしているんだ」と尋ねると、次男はあっけらかんと、

「僕、いま遊喜ちゃんの犬やってるの。遊喜ちゃんのトイレが終わるまで横で座って待ってるの」

私は、あまりのことにひっくり返りそうになった。

その当時、我が家には犬がおらず、動物好きの次女は、次男を犬代わりにして、首に紐を巻いて、その紐の先を持って、

「お前は、私の犬だ。歩け」

と言って引っ張り回していたのである。次男は言われた通り、犬のように四つんばいで歩く。

そんなことをする次女も次女だが、素直に犬の役を務める次男も次男だ。

私は、こんなことでどうなるんだろうと、二人の将来を心底心配した。

次女は、私の決めた規則を一つ残らず破る。犬を飼えば、犬を独占する。

連れ合いの言うように、本当は甘えん坊で弱虫なのかもしれないが、私から見れば、自分のしたいことは絶対にする、我の強い性格だ。

運よく高校卒業資格試験で医学部にも行ける高得点を取れたのだが、本人は獣医学部に行くという。日本と違ってオーストラリアは畜産王国なので、獣医学部に行くのにも人間の医学部に次ぐ高得点が必要だ。しかし、私はせっかくなら獣医より人間相手の医師の方がよいだろうと思っ

て、医学部に行ってくれと頼んだが、次女は頑として、獣医学部に行くという。

その理由は、高校生になってから飼いはじめた犬、ラブラドール犬のポチの面倒をみたいからという一心なのである。

私は次女に、「人間の医者になると、『国境なき医師団』で働く、という高尚な仕事もできるんだぞ」と言うと、次女は直ちに、「じゃ、私は国境なき獣医師団を作る」と言った。処置なしである。

そして、そのまま自分の意志を通して獣医になってしまった。

その一方、自分の犬のために獣医になるくらいだから、情が深くて非常にやさしい。私が疲れた顔をしていると、私が何も言わないのに肩を揉《も》んでくれるし、背中の指圧をしてくれる。家族の誕生日には必ずそれぞれにバースデイ・ケーキを焼いてくれる。

次女のケーキ作り、料理の腕前は大したもので、私は次女に、獣医なんかやめてレストランかお菓子屋をやれ、とそそのかしているくらいだ。

この、自由奔放さと、情が深くてやさしく涙もろいところが同居しているから、次女といると実に楽しい。

こんな次女がのびのびと過ごすことができたのもグレネオンだからこそ、と私たちはグレネオンに感謝している。

私たちの子育てはこうして終わった

という具合に、月日が経つということは恐ろしいもので、四人の子供のうち三人がグレネオンを卒業すると、当然ながら次男にもグレネオンとの別れが待っている。まず、次男が十年生を終了したときのことを、読んでいただこう。

《高校二年生（JP二〇〇一年一月号）

次男が十年生を終了した。

日本の義務教育は小学校六年、中学校三年、合わせて九年間となっているのに対して、こちらでは十年生までが義務教育となっている。日本より一年長いことになる。十年生で義務教育は終了だから、この段階で学校教育は終わりにして働きはじめる者も少なくない。年齢は十六歳だが、こちらの十六歳は日本人の十六歳と比べると、既に十分すぎるほど大人で、なるほどこれならもう働いてもいいだろうと納得する。

次男はまだ勉強を続けるつもりなのでこのまま十二年生まで進むことになる。したがって、来年は十一年生。日本のように、小、中、高と区切らず、一年生から十二年生まで通して言うから何となくぴんと来ないが、日本風に言えば、高校二年生ということになる。

日本では高校二年生が重大な犯罪を犯すことが重なって、高校二年というと危険な年頃であるかのように最近言われることが多いようだ。確かに、私自身のことを考えても、高校二年の頃というのは自分の人生の中で一番難しい時期だったと思う。自分自身は何者なのか、初めて自分に問いかけたのがその頃だった。学校が嫌で嫌でたまらなくなって、学校のあり方を通じて日本の社会に対して、息苦しさを感じはじめたのもその頃だった。

日本の社会は、集団の中に何の疑問も抱かずすんなりとけ込んでしまえば居心地がよいのだが、いったんその集団のあり方とか集団の進む方向などに疑問を抱き、抱くだけでなくその疑問を周りの人に問いかけはじめると途端に、変わり者、偏屈者、ねじくれ者、と極《き》め付けられ、居心地が悪くなる。

あの犯罪を起こした少年たちの何人かは、当時の私のように、日本の社会に対して、砂でできた街を砂でできた人形が歩いているような感覚を抱いたのではないだろうかと思う。

その後、紆余《うよ》曲折を経て、私も何とか日本の社会と折り合いをつけて生きていくことができるようになったのだが、高校二年の頃に初めて抱いた社会に対する違和感を忘れることはない。

次男の場合は、日本人がオーストラリアの社会で暮らしているという要素が加わって私の場合よりもっと複雑だろう。働きに出る同級生もいるように、次男もいよいよこれから大人の世界に足を踏みいれていくことになる。

人生で一番難しい時期を乗り切って、自分の生きる目標を作りだしてもらいたいと、私と連れ合いは願っている。》

ということを、当時の私は書いている。

私は大変に日本の社会と折り合いのつかない人間だった。

中学と高校の時は本当に毎日が砂を噛《か》むような思いをした。

それが、子供たちを連れてオーストラリアに逃げ出した原因なのだが、四人の子供たちのうち、上三人は私の思い通りに楽しい学校生活を送ることができた。

しかし、終わりよければすべてよし、ということわざがある通り、四人のうち私たちが教育の責任を負う最後の子供である次男のことについては、私も連れ合いも非常に心を傾けた。

上の子供たちについても書いたが、みんなグレネオンで受けた教育を非常にありがたいことだと受け取っている。

次男は、それ以上で、「僕は、幼稚園からグレネオン育ちだから」と自慢気に言う。

その次男がどれだけ成長したか、ちょっとそのあたりを親馬鹿まる出しで、お見せしたい。

《音楽会（JP二〇〇一年八月号）

先日グレネオンの音楽会があった。

次男がピアノを弾く、それも自分で作曲した曲を演奏するという。とあっては、行かずばなるまい。出不精の私も腰を上げた。

その夜の音楽会は大盛況で会場は客で一杯、校内に車を止めるところを探すのにも一苦労するほどだった。

何でも、グレネオンの方針としては皆で共同して何か作品を作ることに重きを置くので、今回も全体は合奏で構成されるはずだったのに、次男が自分のピアノ独奏を番組に加えてくれと強硬に先生に頼み込んで、先生も次男の熱意に根負けして次男の独奏を番組に組み入れてくれたのだという。

次男はこの数年間、コンピューターゲームに凝っていて、暇さえあればテレビの前に座ってファイナル・ファンタジーだ、格闘ゲームだ、と熱中していた。連れ合いはコンピューターゲームを毛嫌いしていて、今に次男がいわゆる「おたく」になってしまうと心配し続けてきた。私は、コンピューターゲームも度を過ぎなければ悪くないだろうと考える立場で、プレイステーション2の場合も、発売後すぐに日本から担いで帰ってきて次男を狂喜させたほどだ。

ところが、その次男が数か月前に、突然「もうゲームはやめた」と言った。驚くべきことに、言葉通りその日から次男はぷっつりゲームをやめた。その代わり、猛然と始めたのが作曲なのである。私の四人の子供には小さい頃からピアノを習わせているが、向き不向き、教師との折り合いなどいろいろあって、今もピアノを続けているのは長女と次男だけである。しかし、長女も作曲には興味を示さなかった。次男は、今や時間さえあれば、ピアノに向かっている。もう、何曲も作ったそうだ。

演奏会で次男が弾いた曲はなかなかのものだった。花丸付きの親馬鹿の私は「これは、このまま続けさせれば、ものになるんじゃないか」と連れ合いに言って、連れ合いを辟易《へきえき》させた。

全く人間は面白いものだと思う。あれだけゲームに熱中していた次男が、誰にも言われずに、突然ゲームを放り出した。明らかに、その時、次男は成長の段階を一つ乗り越えたのだ。他人の作ったゲームで遊んでいるより、自分自身を表現する楽しみの方が遥かに大きいことを摑んだのだろう。私たちは興味を持って次男の作曲を見守っているが、本人は数学を勉強するという。

ま、何でも好きにするがいいさ。》

と、こういうようなことを経て、次男にもグレネオンを卒業する日が来た。

高校卒業資格試験（ＨＳＣ）も終わり、卒業式を迎えたのである。

《最後の総括（ＪＰ二〇〇二年十二月号）

次男のＨＳＣも終わり、卒業式も終わった。これが私たち家族にとって最後のグレネオンの卒業式だが、今度の卒業式も素晴らしかった。

構成も進行も卒業生たちによって行われ、その中で自分たちが卒業するまでの間の思い出話などをするのだが、今年の卒業生は芸達者揃いで、自作の曲の演奏から、コメディまで次々に繰り広げられて、まるでバラエティー・ショーのようだった。

次男も自分の作曲したピアノ曲を演奏し、その上にミスター・ビーンズ風の一人芝居をやってのけた。ピアノの方は前から得意だったから驚かなかったが、あくの強い笑いをとる一人芝居をやってのけたのには私も連れ合いもたまげた。

低学年から中学年にかけて、学校でも、クールとかシャイとか言われていて、自分が目立つようなことをするところはなかった次男が、なんという変わり様だろう。

しかし、それは私たちにとって嬉しい驚きだった。次男は末っ子ということで、どうしても上の三人に押されて自己表現が押さえ気味になる。また、長女が指摘するように私と連れ合いが甘やかすから、人に何かをしてもらうことに慣れている。だから、次男は、自分から何か積極的にやってのけるところが欠けていると思い込んでいた。

そこに、卒業式の土壇場で、大騒ぎの一人芝居を演じて私たちが見たこともない側面を見せてくれたのである。私と連れ合いは驚きつつも顔を見合わせて、「成長したもんだなあ」と言い合った。実に次男が頼もしく見えて、あの根性があればどこでもやっていけるだろうと思った。

卒業式は、担任の教師が最後の挨拶の途中で泣き出してしまって言葉にならなくなって、次男やほかの卒業生もそれに釣られて泣いてしまうという思わぬ出来事が起こり、それで余計に感動的だった。》

と、こんなふうに、子供たちのグレネオンでの教育は終わった。

私たち夫婦は、子育てで私たち両親が責任をとるのは高校卒業までと決めていた。

それまでは、親としての責任から日常生活の細かいところまでくちばしを突っ込むが、高校を卒業したらそれで両親の教育についての責任は完了。それから先のことは自分でしたいように生きて、その結果に対しては自分で責任をとってもらいたい。

高校を卒業したらそれから先のことに、私たち両親は一切干渉しない。

それから先は、それぞれ勝手に生きてくれ。

それが私たちの、子供たちに対する態度だ。

だから、次男がグレネオンを卒業した段階で、私たちは子育て完了と考えた。

結果的に、私たちの子育ては、グレネオンでのシュタイナー教育にすべてが巻き込まれてしまった。

今振り返ってみても、やはりグレネオンでの教育は他では得難い素晴らしいものだったと思う。子供たちも、本当によい学校だったと誇らしげに語る。
それが、この章の結論だ。

第八章

日本人としての自覚

二十年も住んでしまったワケ

（私は子供たちをシドニーに連れてきたのはよいが、最初の予定が狂って思わず長期滞在になってしまったために、子供たちが日本人としての自覚を失い、オーストラリアの社会に埋没して、自分は何者であるのか見失ってしまうのではないかと、非常に心配した。この章ではその心配について語ってみる。）

私たちがオーストラリアに来た所期の目的が、グレネオンに出会って、大きく変わってしまった。日本の教育制度からひっぺがすために二、三年日本の教育制度から外れるという目的から、シュタイナー教育を受けさせるという目的に変わってしまったのだ。

オーストラリアに来るときにオーストラリアの教育に何か期待していたわけではない。二、三年過ごさせてもらえばそれでよいと、安易に考えていた。

だから、長男長女の中学入学も大して深刻に考えなかったし、どうも、気に入らないからそろそろ日本へ帰ろうか、などと考えていたのである。

いったん、グレネオンに入れてみると、その教育は大変によい。これは、願ってもない教育を与えることができると、私たち夫婦は喜んだ。

しかし、常に日本へ帰ることが頭にあった。

最初から二、三年のつもりで来たのだから、本格的に移住しよう、移民しよう、という心構えで来た人たちとは違う。

実際に、子どもたちをグレネオンに入れてからも、「ここが節目だな」と思うときが何回かあった。

長男長女が中学を卒業するとき、長男長女が高校を卒業するとき、同じく次女が中学を卒業すると き、高校を卒業するとき、その時々に、子供たちに「そろそろ日本へ帰るぞ」と言うと、その度に子供たちに強烈に反対された。

「いやだ、こんないい学校やめたくない」「シュタイナー教育はちゃんと最後まで終わらせてこそ意味があるのよ。途中でやめてしまっては無意味よ」「今、太陽（次男）を日本へ連れて帰ってご覧なさい。競争なんてことは知らないし、周りの人はみんないい人ばっかり、世間は善意で成り立っていると思い込んでいるのよ。たちまち、いじめの餌食《えじき》よ」「日本の学校って楽しくなさそうだよ」

など、など、など。

子供たちはテレビや雑誌、それに日本から来る人たちから日本の教育事情についての情報を十分に入手している。シドニーにいる期間が長くなればなるほど、子供たちは自分たちの得た情報から判断して、日本に戻ることに尻込みしはじめるようになった。私たち夫婦が呆れるほど、日本へ帰ることに反対するし、グレネオンに愛着を示すのだ。

ここが節目という時を一、二度逃すと、帰る時機を失ってしまう。

さらに、次女と次男に文句を言われる。

「お兄さんとお姉さんだけシュタイナー教育をして、私たちは中途半端で帰るの」「そんなのずるいよ。僕たちも、ちゃんとグレネオンを卒業したい」

子供たちの言うことはまことにもっともである。

ただ私は、異常に愛国心の強い人間であって、子供たちが「日本へ帰りたい」と言ってくれないのが、非常に不愉快だ。と言うと子供たちは声を揃えて、

「自分でオーストラリアに連れてきたくせに」「僕たちオーストラリアなんかに来たくなかったんだよ」「それが、今さら、日本へ帰りたがらないと文句を言うなんて」「日本は好きだけれど、今のこの生活を捨てられない」

と言う。

どうも、子供たちの考えの方が柔軟だ。子供たちは、日本でもオーストラリアでも構わないのだ。「故国日本」という考えにしがみつかない、というか、束縛されていない。

ここで、非常に楽しい学校生活を送っているのに、日本の教育の場に移る理由がない。それに、いろいろな情報を総合して判断すると、日本の学校は厳しいようだ。ずっとここにいたい、と言う。

子供たちが、日本にとらわれない感覚を持っているのは、私たちの親族の影響も少なくない。

私の姉の長男は高校からアメリカに行き、ヨーロッパに移って、今はスイスの女性と結婚してスイスで暮らしている。姉の長女は大学をロスアンゼルスで過ごし、そこで中国系スコットランド人の男と出会い、結婚して今は日本で暮らしている。

私の連れ合いの姉一家は、二人の子供たちが小学生の時にシカゴに移り、長女は大学教授で二児の母、次女はホテルで働いていたが、今は向こうの男性と結婚して一児の母となっている。

私の弟の次男と三男も、アメリカに留学した。三男は現地で結婚し、子供も生まれ、今もアメリカで暮らしている。

親族がこういう環境だと、自分たちは日本人という強い意識を持っていても、軸足を外国に置いて暮らすことを何とも思わないようだ。

私も日本に執着して、せっかくのよい教育を投げ捨てることは理にかなわないと思った。

何が何でも、この辺で日本へ連れて帰るぞ、と強く言い張ることができなかったし、自分でも強くその気にならなかった。

日本にいるときには、「このまま放っておくと受験地獄の中に子供たちが放り込まれるぞ」という恐怖があった。しかし、グレネオンに通っていると「本当によい学校だ、この学校を見つけられて幸せだった」という満足感がある。

日本からは恐怖に駆られて飛びだした。ところがシドニーでは実に安楽で満ち足りている。「恐怖」と「安楽」とでは、比較にならない。その差は大きい。これでは、なかなか日本へ戻ろうという気持ちが起こらないのも仕方のないことだった。

結局子供たちの学校が進むに従って、ますますグレネオンから逃れられなくなり、こうして二十年も住んでしまったのだ。

子供たちには刺激的だった日本の文化

しかし、私は自分の持つ日本への愛情を子供たちにもしっかり植えつけたい。子供たちが、日本への愛情を強く持ってもらわなければ困るのだ。

シドニーでの生活になじみすぎて、日本を忘れられては非常に困る。日本人としての自覚を失われては、オーストラリアに来たことを後悔することになる。

そこで、私は、機会を見つけては子供たちを日本へ連れ帰って、日本の良さを味わわせるように努力した。

その辺のところを、ジャパン・プレスに掲載した記事から見てみよう。

一九九三年の四月に里帰りをしたときの記録である。

《子供の里帰り（ＪＰ一九九三年六月号）

四月一日からほぼ一か月間、家族全員で日本に里帰りしてきた。

私は仕事で度々日本に帰っているが、子供たちにとっては二年半ぶりの日本だった。私の姉や弟の子供たちと、私の子供たちとは非常に仲がよい。

それに、幼稚園の頃からの友人たちが近所にいる。二十数年来の私の友人の娘二人も親しい。

私の両親が、子供たちを手ぐすね引いて待っている。

さらに、私の姉という、砂糖より甘い伯母がいる。

その皆が大歓迎してくれたから、たまらない。互いに招《よ》んだり、招ばれたり、一緒に旅行に行ったり、私の両親の家に強制連行されたり、私の子供たちにとっては蜜と薔薇《ばら》の日々だった。

その上、二年半前に帰ってきたときにはまだ皆幼かったので、行動範囲も狭かったが、今度は友人どうし、いとこどうし、大人抜きであちこち遊び歩いて、思う存分羽を伸ばしてきたようだ。その結果どうなったかというと、オーストラリアに帰ってくると、日本が恋しくてたまらない。オーストラリアがつまらなくて仕方がない。二言目には、今度はいつ日本に帰してくれるのか、今度は日本の正月休みと重なるから、こちらの夏休みに日本へ帰してくれ、と日本に帰ることばかり。

子供たちに言わせると、オーストラリアは退屈すぎるのだそうだ。日本では、本、CD、文房具、洋服、靴、何でも素晴らしいものが手に入るし、遊ぶところもたくさんある。友人も日本の友人には教えられたり、知的な刺激を受けたりすることが多いが、そんなことはオーストラリアの友人からは望めないという。

それはそうだろう。

東京の周辺は世界中で一番、刺激的なところだ。自然の環境の素晴らしさを楽しむのが第一のオーストラリアとは、文化の有り様が違うのだ。体を動かすことを主要な楽しみとしているオーストラリアの子供が、頭でっかちの刺激的な娯楽に埋もれている日本の子供に比べると、退屈に見えるのも無理からぬことだろう。》

これは、シドニーに引っ越してきてから五年ほど経ったころのことである。

この一九九三年という年は、既に日本ではバブル経済が破綻して不況に落ち込んでいたのだが、二〇〇八年現在の絶望的な状況にはまだ陥っていなかった。

今でもオーストラリアは消費文化、科学技術の面で日本やアメリカに遅れている。シドニーで一番高級とされるデパートでも、東京の一流デパートとは比較にならない。品ぞろえが貧弱だし、第一その品物の品質が低い。

特に衣服、食器、電気製品、機械製品などは日本とは比較にならないほど質が低い。

先日も、私の仕事部屋のテレビ装置を入れ替えるのに、テレビ屋に頼んで工事をしてもらったが、こちらのケーブルテレビの画質がひどいので、何とかならないかと言ったところ、そのテレビ屋は、日本とは六年から七年遅れているから仕方がないのだ、と言った。

一九九三年頃は、もっと遅れていてシドニーから東京に行くと、その商品の豊かさに目がくらむような思いがした（いや、その目のくらむような思いは今でも同じだ。このところ日本は不景気に打ちひしがれているが、それでも東京の消費文化はすさまじいものだ）。

その頃に久しぶりに日本へ帰った子供たちが、日本の消費文化の素晴らしさに、有頂天になったのも無理はない。

オーストラリア人は体を動かすことが好きで、スポーツ大国である。水泳、山歩き、ブッシュ・ウォーキングといって灌木の林を歩くこと、ヨットなどの船遊び、などに熱中する。その分、日本のようにありとあらゆる文化的な楽しみを至る所で味わえるということがない。何かにつけて大雑把である。早い話が田舎である。

それはそれで、非常にのんびりしていて気楽な生活様式で、私はそこがオーストラリアの良さだと思うのだが、その当時のうちの子供たちには日本の持つ刺激的な文化が非常に魅力的だったのだ。

表面的な消費文化や、刺激的な娯楽文化のみに浮かれるのは困るが、何はともあれ、日本に対する強い思いを失わせない、ということでは成功した。

子供たちに、日本は文化的に豊かな国であることを再確認させ、誇りを高くもたせることを私はこの二十年間忘れたことはない。

日本人、という根っこがなくならないか

私は心配性なので、この問題についてそれから二年経った一九九五年の四月にも、ジャパン・プレスに書いている。

《ふるさと意識（ＪＰ一九九五年五月号）

この五月で、こちらに来てから七年経つことになる。最初、二、三年のつもりで来たのに、いつ日本に帰ろうか、いつ帰ろうか、とぐずぐずしているうちに七年も経ってしまった。

このあいだ、上の子供たちが次男をつかまえて、「日本に帰っても、友達がいないから可哀相だな」と言っているのを聞いて、こちらの方がうろたえてしまった。

こちらに来たとき、長男長女は十一歳、次女が七歳、何と一番下の次男は三歳だったのだ。長男長女はともかく次女、次男となるともはやこちらで過ごす年月の方が長いことになってしまう。

次女までは日本で小学校に上がったから、日本に帰ればその頃の友達がいるが、次男は幼稚園にも上がらずにこちらに来てしまったので、日本に友達などいるはずもない。次男にとって日本における人間関係は祖父祖母、叔父叔母、いとこたち、それだけである。

ふるさと意識というのは人間関係が作るものであろう。しかもその土地で持たれた人間関係でなくてはならない。いくら、祖父祖母と楽しい時間を過ごしたといってもそれがオーストラリアでの話であれば、祖父祖母に対する肉親の情愛は抱けても日本に対するふるさと意識は持てるわ

けがない。それでは自分の根っことというものがなくなってしまうことになり、大変まずい。そう考えて私はうろたえたのだ。

私の場合は逆に四歳までを中国の北京で過ごしてから日本に帰ってきた。日本が戦争に負けて私たち一家は中国から引き揚げてきたのだ。私は今でも中国的なものに深い愛情を抱いているが、それは四歳まで中国で家族と楽しい日々を過ごした思い出が心に深く残っているからだ。

次男も三歳までの日本での記憶が残ってさえいれば、日本に対するふるさと意識は失われないはずだ。問題は三歳までの記憶が残っているかどうかだ。

私は日本に引き揚げてからあちこち転々として、一番長い期間住んだのは東京の田園調布であるが、その田園調布を懐かしく思う気持ちはあっても、ふるさととは思えない。

自分の生まれ育ったところに対してふるさと意識を強く持っている人に出会うたびに私は自分が何か欠落しているような不安な気持ちになる。

私にとって日本はかけがえのない愛する母国であり、身についた日本文化こそ自らの存在を証明するものだという思いはあるが、ではその日本のどこに帰るべきふるさとがあるかというと、私にはないのである。

私にはふるさと意識がない。オーストラリアに引っ越してきてしまうのもふるさと意識がないせいなのだろう。

長男長女、そして次女までは生まれ育った逗子《ずし》、葉山、秋谷のあたりに強烈なふるさと意識を持っているようだ。特に秋谷を懐かしがること大変なものがあって、秋谷でのことをあれこれ熱っぽく話す。その間、次男は黙ってみんなの話を聞いている。次男には秋谷について話すべき思い出が何もないのである。

私は自分が日本で産湯を使わなかったばかりにこうして外国住まいをする境遇になったのだと思うが、私の子供たちはどうなるだろう。日本で静かに暮らすのか、あるいは私のように尻の落ち着かない生き方をするのだろうか。》

グレネオンがいかに素晴らしい学校で、シュタイナー教育がどんなによい教育であっても、私は、子供たちを外国で教育し続けること、日本から引き離していることに、常に不安と後ろめたい気持ちを抱き続けてきたことがお分かりいただけると思う。

それは、子供たちから、自分自身の存在証明としての日本人であるという意識を薄れさせてしまうのではないか、子供たちが日本に対する愛着を失うのではないかと恐れているからである。

しかし、「子供の里帰り」の一文を読めばそれは杞憂であることが分かる。

子供たちの関心が、日本の消費文化や刺激的な娯楽文化にとどまっていては困るのだが、この時期の子供たちにとって、日本への強い思いをつなぎ止めるということがまず第一で、日本の文化の深さは成長するにつれて知っていけばよいと考えた。

日本の文化を自分のものにしてほしい

私が特に心配したのは、次男だ。

次男は三歳の時に日本を出てしまったから日本での記憶が全くといってよいほどない。記憶がなければ、日本に対する愛着も湧くはずがない。

それではまずいので、できるだけ次男が日本を自分のものとするための努力をした。それについて、ＪＰに書いたものを読んでいただこう。

《日本行き その１（ＪＰ一九九六年十二月号）

次女と次男を連れて三週間ほど日本に行ってきた。

一九八八年にこちらに来てからその二人が日本に行ったことは二回しかない。特に次男の場合、三歳でこちらに来たので、日本についての記憶は全然ない。記憶がなければ思い入れもないのは当然で、上の三人が日本についての思い出を感情を込めて話し合っているのを横で何の興味も示さずに聞いていることが多い。それは非常にまずいことだ。頭の柔らかいうちに、日本に対する愛着を刷り込んでおかなければならない。

もう一つ。

私はときどき仕事の都合で日本に行くが、遊びに行くのではなく、仕事の日々が続くから楽しいはずもない。一週間も経つとホーム・シックにかかってしまう。日本で私の面倒をみてくれる姉に、「ああ、駄目だ、ホーム・シックだ。子供たちに会いたい」としょっちゅう愚痴をこぼす。姉もそんな私にうんざりするらしく、「それなら、子供を連れてきたらどうなのよ」と言う。

そんなことが重なって、今回仕事で日本に行かなければならなくなったとき、子供を連れていこうと思った。長男と長女は今年日本に行っているので次女と次男を連れていくことに決めた。それなら私もホーム・シックにかからないし、二人に日本の良さを味わわせることもできる。

問題は学校が休みではないことだったが、長い目で見れば学校なんか休んでも、私と一緒に日本に行った方が遥かに意義があるに決まっている。私の勝手で学校を休ませることにした。次女は、「わあい、一緒に行く」と素直に喜んだが、次男は生真面目な性格なので、「いや、三週間も学校を休むのは、どうも」と躊躇《ちゅうちょ》する。私のようないい加減な性格の男の息子とは思えない堅物である。そこで、私は奥の手を出した。「秋葉原に行くと、オーストラリアでは手に入らない最新式のビデオゲームが山のようにあるぞ」。その一言で次男はあっけなく陥落した。私の連れ合いはビデオゲームを毛嫌いしていて、うちの子供たちがビデオゲームで遊ぶことを厳しく制限しているが、私は過ぎなければいいのではないかと比較的寛大である。

私は次女と次男に日本の文化の素晴らしさを認識してもらいたかった。最近、例の、クイーンズランドのポーリン・ハンソン女史の一件以来、オーストラリアは白豪主義が復活しつつあるように見える。アジア系の人間が、白人たちによって迫害を受けた例をいくつか聞くようにもなってきた。そんな風潮の中で、自分たちが日本人であるという誇りを高く持ち続けるためには、自分たちの根っこである日本文化のことをよく知らなければならないと私は考えているからだ。

（続く）》

《**日本行き　その2**（ＪＰ一九九七年一月号）

次女十五歳、次男十二歳、二人とも新幹線に乗ったことがない。京都にも行ったことがない。東京も知らない。それは、もともと私たち一家が神奈川県の海っぺりに住んでいて、都会には縁のない生活をしていたせいもあるのだが、それにしても同じ年頃の日本の子供と比べると大分後れをとっていることは確かだろう。

新幹線に乗ったことがないのでは困る。そこで、新幹線に乗って京都に行った。ちょうど紅葉の盛りで京都はどこに行っても観光客で混雑していたが、長年の付き合いのタクシーの運転手さんの尽力で効率よく京都の真髄というべきところを見て歩くことができた。

神社仏閣、あるいは仏像などを見せても二人とも退屈するのではないかと恐れていたが、私の想像を超えて興味を示しただけでなく、その素晴らしさに感動していたので私は嬉しかった。

東京では秋葉原の電気街と、神保町の本屋街で二人は興奮した。オーストラリアの貧弱な本屋しか知らない二人には、一つの建物の丸ごと全部が本屋になっているだけで驚きなのに、神保町にはそんな建物が延々と軒を連ねている。秋葉原では通りの両側を巨大な電気製品の店が埋め尽くしていて、オーストラリアでは見たこともない最新式の電気製品が並んでいる。ゲームのソフトもオーストラリアでは手に入らないものが溢れている。次男は興奮のあまり耳まで真っ赤にして売場の中を飛び回った。

新幹線、京都、秋葉原、とくるとまるで外人観光客みたいで笑ってしまうが、次女と次男の日本についての知識は外国人観光客並みでしかないのが現実なのだから笑ってはいられない。

私は今の日本の教育環境が嫌なのでオーストラリアに引っ越してきたのだが、日本が嫌いなわけではない。オーストラリアというアングロ・サクソンの国に暮らしていると、自分が日本人であるということを抜きにしては自分を自分で規定することができない。日本の歴史と文化が私という人間の根幹を作っていることを痛感する。であれば、日本を嫌うなんてとんでもない。逆に日本を愛する気持ちは深くなる一方だ。そういう私であるから、自分の子供にも日本の文化を受け継いでほしいと切望しているのだ。

オーストラリアでは最近、ポーリン・ハンソンのような低級な人物に煽られてアジア人排斥、白人優越を唱える昔の白豪主義に社会全体が引き戻されようとしている。

私の子供たちの時代になると、選ぶ職業によっては世界のどこで暮らすか分からない。そうなると、情けないことだが、ポーリン・ハンソンのような人間は世界中にいるから、私の子供たちは確実に差別に直面するだろう。そんな時に、自分を支えてくれるのは、自分は日本人であり、日本という文化によって立っているという自信なのだ。

そういう自信を持つためには日本文化を十分に知らなければならない。今度の日本行きは次女次男が日本文化の良さを認識する第一歩という訳だ。

少なくとも、今回は日本で美味しいものを食べさせておいたから、フィッシュ・アンド・チップス屋のおかみさんであるポーリン・ハンソンは天ぷらの美味しさを知らないからあんなことを言うんだよ、というくらいの冗談は分かるようになったはずだ。》

今、グローバリゼーションという言葉が世界中を覆っている。

世界はますます国際化していくという。

その国際化した社会とは、一部の人たちが夢想しているような、すべての人々が平等で平和で公平な社会ではない。国際化とは利益を追求する経済活動が国境を越えて自由に動き回るというだけの話で、これから少なくとも百年間は、平和で公正とはほど遠い、むしろ、民族や国家が利己的に争いあう厳しい社会になるだろう。

私の子供たちは、そのような厳しい社会に生きていかなければならないのだ。

そのような社会で生きていくためには、自分をしっかり保って、自分を見失わないことが大事だ。それには、私の子供たちには日本人としての自覚をしっかり保つこと、日本人としての誇りを揺るぎなく持つことだと教えている。

だから、私は、子供たちが日本の文化をしっかり自分のものにするように、できるだけ多くの機会を作ったのだ。

父と息子、水入らずの旅

前にも言ったように、私は、三歳の時に日本を離れてしまった次男のことが一番気になっていた。なんとか、日本のことをよりよく知ってもらいたい。

私は『美味しんぼ』で「日本全県味巡り」といって、日本の各都道府県を回って、その土地の郷土文化・郷土料理を記録して紹介する企画を行っている。大分県を振りだしに、青森県まで、八つの府県を回っている。

その最初、大分県の取材に、私は次男を連れていった。

大分県は私自身よく知らない県である。まして、次男にとっては、ただの異郷の地である。しかし、日本の文化のかなり初期からのものが残っている土地だ。日本はどんな国なのか知るのには非常によいところだ。そこのところをＪＰで見てみよう。

《取材旅行　その1（JP一九九八年八月号）

私が原作を書いている『美味しんぼ』という漫画で、日本の都道府県のすべてを一つ一つ回って、それぞれの土地の食文化を紹介することになった。友人関係のつてがあって、大分県からその「日本全県味巡り」の旅を始めることにして、取材のために七月の上旬、大分に行った。

物書きとしての私の唯一の市場は日本なので、この十年間オーストラリアと日本を頻繁に行き来している。日本へ行くときは私一人だけのことが多い。日本には母や姉など親族が大勢いるが、それでも三週間も妻子と離れているとホーム・シックにかかってしまう。だらしのない話だが、このホーム・シックがかなり辛い。

だが、連れ合いでも、子供でも、家族の誰かが一緒であれば、ホーム・シックにかからないことを発見した。とは言え、それぞれに事情があって、私の予定に付き合ってもらうのは難しい。ところが、今回は、オーストラリアの冬休み期間にちょうど重なる。そこで、中学生の次男を誘うことにした。

次男は、三歳でオーストラリアに来たので、日本の記憶が全くといってよいほどない。このままでは、次男は日本という根っこを失ってしまうのではないか。それは由々しきことだと、日頃から連れ合いとも案じ合っている。

そこに、今度の日本全県を巡る企画である。伝統的な食文化を探るのであるから、取材のためには都市部だけでなく、農村、漁村、山村を回ることが多くなる。日本の真の姿を知るのに都合がよい。

私は次男を取材に連れていきたいと思った。そうすれば、ホーム・シックにかからないし、次男に真の日本を肌で経験させることができる。

私の取材は旅費も経費も全部自分持ちだから（出版社や取材先に費用を持ってもらうのは私の主義と相容《い》れないので、私はすべて自分で負担してきた）、次男を連れていっても、少なくとも金銭面では誰にも迷惑はかけない。基本的な躾はできているつもりだから、取材先に迷惑をかけることもないはずだ。子供連れで取材に来るとは失礼だ、と怒り出すようなところは最初から敬遠すればよい。私は、あえて次男を連れていくことにした。

私は、小学校に上がる前後、福岡県に二、三年住んだことがあるが、大分には過去に一度か、二度くらいしか来たことがない。もちろん次男にとって大分はクイーンズランドより馴染みがない。取材とは別に、一体、次男がどんな反応を示すのか、それに私は興味があった。次男は三歳で日本を離れて、この十年間で日本に滞在した日数は延べで三か月にも満たないだろう。日本の記憶がしっかり残っている長男、長女、次女は、よく兄妹で秋谷の思い出話をして懐かしがっているが、そういう時に次男だけはなんの反応も示さない。三歳以前の記憶は残っているはずがないから、次男にとって見知らぬ国の話を聞かされるのと大した変わりはないようで、日本に対してなんの思い入れもないように見える。

そんな考えで連れ出したのだが、その思惑とは全く別のことに気がついて愕然とした。二人きりで過ごしてみて、今まで私と次男が密接に付き合ったことがなかったことに気がついたのだ。》

《取材旅行 その2（JP一九九八年九月号）

三歳で日本を離れてからこの十年間オーストラリアで生きてきた次男を、少しでも日本のことを分からせてやろうと思って大分県の取材に同行させたのだが、一つ心配があった。大分県には私自身二度しか行ったことがない。日本のことをほとんど知らない次男を、私自身不案内のところに連れていったのではいろいろ教えてやることができなくて困るのではないかと思ったのだ。

ところが、それがよい方に働いた。今回の取材の目的は大分県の伝統的な食文化を体験することだった。当然、大分県でも都市部ではなく漁村農村部を回ることになる。大分県は日本でも最初にひらけた地方なので、都市部を離れると至る所に伝統的な食文化が残っている。

例えば、農村の婦人たちが作ってくれた、小麦粉を手延べにして幅広のきしめんのようにしたものを汁に入れた団子汁。また、別のところで味わった、たらの鰓《えら》を干したものを柔らかく煮戻して野菜と煮込んだ「たらおさ」という料理。

なまじ大分県のことをよく知らないために、それらの一つ一つが私にとっては新しい発見だった。その点からすれば、私も次男も変わりはない。結果として、私と次男は新しい発見を共有することになった。親が自分の知っていることを子供に教えるのも意味のあることだが、親と子供が共に知らなかったことを一緒に体験するのはもっと意味があるように思う。

それともう一つの収穫は、次男と二人きりで何日も一緒に過ごしたことだった。いつも、家族で行動していると、兄や姉が中心になってしまうし、次男はすぐに母親の陰に隠れるし、私はただ猫かわいがりするだけで、次男と二人だけで向かい合って対話をして過ごすのはこれが初めてであることに気がついてうろたえた。自分では良好な父と息子の関係を築いていたつもりで、その実、あやうく、形だけで表面的な親子関係になってしまうところだったのを修正するよいきっかけになった。

今回の取材もいつもどおり強行軍だった。前もってあちこち取材先の段取りを取っておいて、カメラマン、取材記者、助手を引き連れて乗り込む。食べ物が出てきても取材が終わるまで口にできない。それが午前、昼、午後、夜と続く。次男にはかなり辛い行程だったはずだが、旅の終わりに次男は「今度から、お父さんの取材には絶対僕がついてくるからね」と言った。それが、私にとって今回の一番の収穫だったかもしれない。》

この時の取材旅行は非常に有意義なものだった。

この取材の結果は『美味しんぼ』第七十一巻に「日本全県味巡り　大分編」として所載されているので、興味がおありの方はお読みください。

私自身未知であった大分の古い歴史・文化を次男と一緒に探索して歩くことは、楽しかった。私の興奮が次男に伝わり、次男が新しいものを体験した驚きと感動が私に伝わってくる。父と子で一緒に、まるで新しい文化を体験し経験することができたのだ。

もちろん、次男は大分の郷土文化に深く感心し、「面白いねえ、凄いねえ」と言って、日本の文化の深さを実感して、日本への思いを深めた。私の狙い通りだった。

それに、次男は、いつもコアラの子供が母コアラにしがみついているように、連れ合いにべったりくっついているので、兄と姉たちから「コアラ太陽くん」などとからかわれているくらいで、気がついてみると私と次男とだけで水入らずで過ごしたことはなかった。

それが、この旅の間は連れ合い抜きで二人だけで過ごすことができたので、いつも連れ合いに子供たちを独り占めにされているとひがんでいた私もうっぷんを晴らすことができた。

父と息子のよい関係が固まった旅だった。

自分自身の存在証明に日本人であることが必要か

さて、この章を締めくくるに当たって、外国に住むこと、外国で子供の教育をすることは容易なことではないことを、繰り返しになるが、付け足しておこう。

外国にいると、一人の個人として十分な成長と発達を遂げる教育を受けさせることだけでは済まなくなってくる。

日本にいればそれだけで済むかもしれないが、外国で暮らすと、否応なしに、日本にいたのでは付き合うこともなかったような外国人と日常的に交わらなければならない。

外国人と付き合いだすと、国家、民族、人種、自分自身の存在証明など、日本にいれば考える必要もない深刻な問題が起きてきて、その度に心を悩ます。

もともと、オーストラリアは居心地が良さそうだから二、三年住んでみようと思ってやってきただけであって、オーストラリアの国柄に格別の思い入れがあったわけではない。オーストラリアに移民してきた人たちのように、自分の国よりオーストラリアでの方が良い生活ができるだろうと思って、来たわけでもない。

それどころか、オーストラリアに引っ越してきたおかげで、私は職業上大変な不利をこうむった。子供たちの教育がある程度うまく行った段階で日本へ帰ろうと虫のよいことを考えていたのだ。しかし、いったん教育を始めてしまうと、しかもシュタイナー教育を始めてしまうと、途中で切り上げるというわけには行かなくなり、ずるずると二十年も住んでしまった。

こんな事態は、オーストラリアに来るときには予想もしなかったことだ。

だから、余計に子供たちに「日本」を叩き込んだのだが、最近、長女と話していて激しく驚いた。

長女はオーストラリアにいるときは日本人であることを意識しないことはないという。日本とオーストラリアと何かの点で対抗することがあると、例えばサッカーの試合など、絶対に日本側に立つ。

しかし日本にいるときには、平均的日本人との差を感じるという。

外国に出ると、さらに事情が違うという。外国では長女は当然英語で話す。それがオーストラリアのアクセントである。それで、外国では長女は日系オーストラリア人と思われる。

私たちから見ると奇異だが、移民の国であるオーストラリアから来た長女は外国人から見ると自然に日系オーストラリア人ということになる。そうなると、長女は自分自身の存在証明の要素の一つとしてオーストラリアが入ってくるという。

長女はちょっと考えてから言った。「自分の中で自分自身の存在証明として、日本とオーストラリアが六分四分、もしかしたら、半々くらいかもしれない」

これには私は驚いた。あれだけ、「日本」を叩き込んできたのに、長女の心の中ではそんなにもオーストラリアが大きな部分を占めてしまっているのか。

驚く私に長女は言った。

「私の人生の三分の二以上はオーストラリアで過ごしているのよ。オーストラリアが自分の心のあり方に影響を与えないわけがないでしょう」

私の受けた衝撃は大きかったが、それから、よくよく考え直して、これは驚く私が間違っているのだろうという結論に達せざるを得なかった。

そもそも、オーストラリアに子供たちを連れてきたのは私ではないか。その私が、子供たちがオーストラリアから深い影響を受けたと驚くのはこっけいだ。オーストラリアに二十年も生きておきながら、何の影響も受けなかったらその人間はおかしい。驚く私がどうかしている。

日本人として生まれたからといって、自分自身の存在証明は日本人であることが必要条件であることはない。日本人として生まれたら、日本で生きていかなければならないということもない。自分が生きたいように生きることのできるところなら、地球上どこでも構わないわけだ。

シュタイナーの言うように、「自分の判断力に正当な自信を抱いて、この世界における自分の場所を定めること」ができて、自分の生き方に誇りを持てれば、それで自分の存在証明は十分だ。自分が何者であるかは、自分が何をしているかで証明することだろう。

よく外国に行くと、その土地に完全に溶け込んでしまった日本人に会うことがある。もはや日本人という意識はなく、そういえば私は日本人でした、というくらい日本人としての意識が薄く、その国、その土地の人間になりきっている。

そういう人の方が正しいのかもしれない。

私のように、日本人であることに執着するのは、間違っているのだろうと思う。しかし、私の日本に執着する気持ち、日本人としての自覚の強さ、日本の国と自分自身を不可分のものとする意識、これは私自身は変えることができない。

それが私の限界だろうし、その限界ゆえに私は、私と同じ思いを子供たちにも持たせたいと努力してきた。

だが、私自身両親の教えから逸れた人生を歩んでしまったように、子供たちも私の望んだ通りに生きることはないだろう。人間は、それでよいのだと思う。

ではあるが、親として、子供たちに人間としての基盤を与える必要がある。

子供たちはこれから先、どこで生きていくことになるのか分からないが、どこで生きるにしても、自分の出自は何なのか、自分は一体何者なのか、そういうことをしっかり摑んでいる必要があるだろう。そのために、私は子供たちに常に日本という国と日本人という意識を強く持たせたいと思ったのだ。

自分が何者かを考えるためには、自分の出自をはっきり認識することが、その基盤として必要だ。子供が十分に成長したら、その基盤をもとに、親を乗り越える人間になるだろう。

親としての私は、子供たちのたたき台になることしかできないし、それで務めは果たせたのではないかと考えている。

とにかく外国で子供を育てるということは、なかなか面倒くさいことである。

第九章
シドニーでの子育てを総括する

私は日本に帰れなくなってしまった

さて、いよいよ、シドニーでの子育ての総括をするところに来たと思う。

グレネオンの教育は文句なく素晴らしかった。それでなければ、こうして二十年もシドニーに住み着いてしまうことはなかった。

しかし、日本人である私の子供たちがオーストラリアで教育を受けるということは、すべてよしというわけではない。

シドニーの子育てには得失があった。

第八章に書いたことだが、私は子供たちが日本人としての自覚を失い、オーストラリアの社会に埋没して、自分は何者であるのか見失ってしまうのではないかと、非常に心配して、いろいろと手を尽くした。

その甲斐があって、子供たちは日本と日本の文化に強い愛着をしっかり持つようになった。

現代の日本から隔離されて、私、連れ合い、連れ合いの母から、日本について叩き込まれたので、むしろ現代の日本の若者たちよりもっと日本人らしさを強く持っているところがある。

子供たちに日本を叩き込むことには成功したが、しかし、子供たちは日本に帰るという気持ちを薄れさせてしまった。

それが先に書いたシドニーで子育てをした得失の失の一つだ。

子供たちは日本で暮らしていく自信がない。オーストラリアでの方が気楽に暮らしていけるというのである。

これには、困った。

私は中国で生まれた。四歳になる少し前に戦争に負けて北京から日本に逃げてきたのだが、それまでの北京での記憶が鮮明にあったので、移り住んできた日本が今まで自分の生きてきた環境とあまりに違うことに非常な違和感を抱いた。ここは自分の場所ではない、と強く思った。その四歳になる少し前の体験が、私の精神に大きく影響している。私は幼稚園の時からどこも自分の本当の居場所ではないという疎外感を抱いてきた。

いまだに忘れられないことがある。

引き揚げてから各地を転々とした揚げ句、九州の炭鉱会社に父が職を見つけ、私たちはその炭鉱町に住んだ。そこで幼稚園に入ったのだが、ある朝、遅刻してしまって、幼稚園についたときには既に授業が始まっていた。廊下の窓ガラス越しにみんなが先生と絵を描いたりしているのが見えた。

そのまま教室に入って行けばよかったのだが、その時、その教室にいる仲間と教師が、まるで私と違う世界の人たちのように思え、「自分はよそ者、ここは自分のいてはいけないところだ」という強い恐怖感に近い思いが込み上げてきて、私は泣きながら家に帰ってしまったのだ。

戦争に負けて中国から日本に引き揚げてきて東京に至るまで、あちこちを転々とし、その後東京から鎌倉に引っ越したが、どこにいても、「私はよそ者。ここは私のいるべきところではない」という疎外感から私は自由になれたことはない。

私が自分の人生で一番長い時間を過ごしたのは東京だが、毎年夏になると、東京に住んでいる人間の多くが故郷に帰省する。その感覚が私には全く理解できなかった。といって、東京を自分の町と考えることもできなかった。

鎌倉の両親の家から出て結婚をしてからも引っ越しを重ねたが、どこに住んでもそこが自分の住むべきところだという意識は持てなかった。まことに根なし草である。だから、家族を引き連れてオーストラリアに引っ越すようないい加減なこともできたのだろうと思うが、不思議なことに決まった故郷はないくせに、日本に対する愛着は普通の日本人と比較しても強烈に持つようになった。

顔かたちも日本人だし、私の精神を形づくったのも日本の文化だ。第一私は物書きで、しかも日本語でしか書くことはできない。物書きとして生きていくことしかできない私にとって、本来的に日本しか生きる場所はないのだ。

日本にいれば、どこに行っても、ここは自分の場所ではないという疎外感に苦しんできたくせに、オーストラリアに住んでいても心は常に日本にある。私の心は四歳前に北京から引き揚げてきたときから分裂している。

日本であちこちを転々と引っ越して歩いたように、オーストラリアに来たのも単なる引っ越しのつもりで、永住権だって、オーストラリアの大使館の書記官が便利だからもらっておけというからもらっただけで私が欲しいと言ったわけではない。

シドニーに、東京で暮らした年月より長い二十年も住んでしまうと、もう十分だ。日本に帰りたい、と思う。

ところが、子供たちは日本で生活していく自信がないといって、私が、日本へ帰ろうと言っても、なかなか乗ってこない。

連れ合いは子供にべったりだ。子供と離れるつもりは全くない。ということは、子供が日本へ帰らない限り、連れ合いも日本へ帰らない。となると、私が日本へ帰るとしたら家族と別れて私一人で帰ることになる。

家族と離れて自分一人で暮らすなどという、そんなことが私にできるわけがない。

これでは、私は日本へ帰れないではないか。

子供たちにとってみれば、何を今さらそんなことを私が言う権利があるのだ、と不満を抱くに違いない。

子供たちは日本で、私の両親、いとこたち、周りの友人たち、と自分たちなりの幸せな世界を持っていたのに、いきなり、自分勝手な思いこみの強い父親が、オーストラリアに引っ越すぞとわめいて、それまでの幸せな世界からひっぺがされたのだ。

子供たちからすれば、文句の二百や三百あっても仕方がない。

このことについては、後でもう一度語ろう。

子供たちの日本語の問題

得失のもう一つの失は、やはり日本語の能力が低いということだ。

これは、当たり前のことで、例えば次男がオーストラリアに来たときは三歳だった。

私が生まれた北京から戦争に負けて日本へ逃げ帰ってきたのが四歳だった。

姉の記憶では、その当時私と姉は周りの中国人たちと中国語で意志を通じ合っていたということだが、今の私は中国語は全く理解できない。それを考えてみれば、次男が、本もコンピューターのソフトも英語の方が楽だというのは無理のないことだと、私は自分に納得させるしかない。とはいえ、私の職業は物書きだ。日本語で文章を書くことに自分の人生を賭けて生きている。私は漫画の原作以外にも、文章だけのものをいくつも書いている。漫画は絵があるからまだ分かりやすいが、文章だけのものとなったら、そうはいかない。難しい漢字や、故事来歴を背後に含んだ熟語など、説明してやらないと分からないことがある。

物書きとして、私の書いたものを自分の子供が読んで理解できないということになったら情けない。

また、私の愛する日本の作家の作品に子供たちが全く興味を示さないのも、これは切ない。私は高校生のころ萩原朔太郎の詩を読んで、心を揺さぶられたが、私の子供たちは、朔太郎の詩に格別の感慨を抱くことはない。

もう、取り返しのつかないことだが、この、子供たちの日本語の問題が、私をじりじりと苦しめるのである。

ただ、私の子供たちは敬語と丁寧語だけはほぼ完璧に身につけた。

それは、長い間、私の連れ合いの母親が私たちと一緒に暮らしていてくれたからである。

私は当然、連れ合いの母親に、敬語と丁寧語を使う。私自身は、敬語と丁寧語の使い方をまず間違えない。

子供たちは、毎日私が母に向かって喋る言葉を聞いていていて自然に丁寧語と敬語の使い方をしっかり覚えた。

だから、日本から電話がかかってきても自然に丁寧な応対ができる。それで、電話をかけてきた人から「今電話を取ったの、お宅のお子さんなの」と驚かれることも多かった。今どきの子供は敬語と丁寧語を使えないので電話の応対がひどいのに、うちの子供たちの電話の応対は完璧だというのである。

これは、連れ合いの母親が一緒に暮らしてくれていたから自然に身についたことであって、核家族ではとても無理な話だろう。

オーストラリアで得た一番価値あるもの

得失の得として、オーストラリアで教育して得られたことは、生き方の柔軟性を親子ともども身につけられたことではなかろうか。

日本の社会は、固定観念に縛られている。家柄、学歴、職業の一つ一つに、微妙だが、厳然とした位付けがしてあって、それが人の気持ちを不自由にしている。

もちろんオーストラリアにも、例えば学歴による待遇の差はあるが、それは職業を求めるときなどに問題になってくるだけで、それが日常の人間同士の付き合いにまで影響することはない。

学歴は職業を得るときに必要な資格でしかない。全体的な人間の評価には無関係なのだ。結婚相手に求める要件として「高学歴」などと平気で言う日本の女性の心はひどく貧しい、と私は思う。

生き方の枠を他人に決められずに済むということは子供たちにとっても都合のよいことだと思う。このままオーストラリアで暮らしてもよいし、日本でも他の国でも、よい仕事が見つかればそこで暮らせばよい。

日本で育つと、いつの間にか誰が決めたのか分からない枠に縛られるようになってしまう。「世間体」「格」「常識」など、そんな意識に囚われがちになるが、私の子供たちは、そのような日本独特の、自らの手足を縛る意識からは自由であると思う。

私の子供たちはそのような日本の社会の枠に囚われず、柔軟に生きていく心構えを十分に養ってきたと信じている。オーストラリアで得た中で一番価値あるものかもしれない。


さて、ここで先ほどの、子供たちが日本に帰る気持ちを薄れさせてしまった問題に返る。実は、この問題については第八章で結論を出してある。

第八章で、私はこう書いた。

「日本人として生まれたからといって、自分自身の存在証明は日本人であることが必要条件であることはない。日本人として生まれたら、日本で生きていかなければならないということもない。自分が生きたいように生きることのできるところなら、地球上どこでも構わないわけだ。シュタイナーの言うように、『自分の判断力に正当な自信を抱いて、この世界における自分の場所を定めること』ができて、自分の生き方に誇りを持てれば、それで自分の存在証明は十分だ。自分が何者であるかは、自分が何をしているかで証明することだろう」

私は欲張りだから、我欲ゆえに考えが混乱し、矛盾する。

だから、ここで、はっきりと考えを整理しておく。

先ほど、

「得失の得として、オーストラリアで教育して得られたことは、生き方の柔軟性を親子ともども身につけられたことではなかろうか」

と書いた。

それでよいのだ。「子供たちが日本に帰る気持ちを薄れさせてしまった」ことを、得失の失に加えることはないのだ。

私としては淋しいが、私の人生と子供たちの人生とは違う。

そして、私は子供たちに、私より柔軟に人生を考える力をこれまでの教育で与えられたと思う。

私のように日本人であることに執着し過ぎることなく、生きていけるかもしれない。

私より自由に力強く生きていけるだろう。

結果として、シドニーに来たこと、運よくグレネオンに出会えたこと、すべてがうまく行った。

子供たちは全員、素直で、真っすぐで、心豊かで、誰に対してもやさしく、愛情深く、美しいものを大事にして、虚栄や見栄に心を奪われない、正直でつつましい人間に育ってくれた。

これこそ、私が育てたいと思った人間の姿だ。

総括すると、私たちのシドニーでの子育ては大成功だったと思う。私の父と、連れ合いの母を亡くすという悲しい出来事を除けば毎日が楽しかった。

締めくくりに四人の子供たちの現状を報告しておこう。長男は陶芸の修業中、それでは飯が食えないのでギャラリーで働いたり、ニュー・サウス・ウェールズ大学で外国からの留学生の世話をみる仕事をしたりしている。

長女は前にも書いた通り、母校グレネオンの高校の科学の教師。

次女は獣医師。勤めているクリニックの玄関に金文字で名前を書いた看板を掛けてもらって悦に入っている。最近、こちらの日本人向けの新聞にペットの病気相談のコラムを書いていて、おかげで日本人が犬や猫を連れてくる件数が増えたといって喜んでいる。

次男は、ニュー・サウス・ウェールズ大学でデジタル・アートを専攻して今年(二〇〇八年)卒業したばかり。コンピューターを使った仕事につくようだ。

とにかくこれで私と連れ合いの子育ては終わった。本当に楽しい子育ての日々だった。

あとがき

この「子育て記」は出版するのに時機を失した感がある。食べ物で言えば、賞味期限が過ぎているだろう。

というのは、私たちがシドニーに越してきたのは一九八八年の五月、既に二十年以上前のことである。

末っ子の次男がグレネオンを卒業したのが二〇〇二年。

私たちが子育てに格闘したのは一九九〇年代のことであって、既に一昔前のことになる（子育ては本当に格闘だった）。

現に、双子の長男長女は二〇〇八年現在、三十一歳。次女が二十七歳。次男が二十三歳になる。

子供たちが既に大人になってしまっているのに、今さら「子育て記」もないような気がする。だが、私はどうしてもこの「子育て記」を書かないといられなかったのである。

実は、この「子育て記」は十数年前に、ある出版社から出版することになっていた。私たちが子育てに格闘している、その真っ最中のことである。

「ジャパン・プレス」に毎月連載していた「豪州子育て記」をまとめて本にしようということに

なったのだ。

作業は進んで、残りの原稿の仕上がりも間近という時期に、担当編集者から、「論を入れないでくれ」という注文が入った。

教育について鬱陶しいことを論じたりしないで、漫画原作者がシドニーで子育てをしているというその生活の様子だけを、読者に興味を持たせるように書いてほしいというのである。

待てよ、と私は考え込んでしまった。

私が日本からシドニーに来たのは、日本の教育制度から逃げ出すためだ。

遊び半分、楽しみを求めてシドニーにやってきたわけではない。

子供たちを日本の教育制度からひっぺがすなど、暴挙と言われても仕方がないが、日本の受験勉強第一の教育制度から逃れたかった。

そこまで、切実な思いを抱いてシドニーに来たのだ。

「子育て記」に、そのような思いが反映するのは当然で、教育について論じるのも自然なことだ。いや、論じなければいられない。

論じなければ、自分の「子育て記」を書く意味がない。

七面倒くさいことを論じたりせず、漫画原作者の、異国での面白おかしい日常記などを書けば、読者の興味を引くのかもしれないが、それは私にとって、むしろ自分の大事なものを台なしにすることだ。

締め切り直前で、降りた。

その出版社では、出版の予定を組んでいて、広告だの販促だの、全社的な体制ができていたのに、寸前で私が降りたので大変な迷惑がかかったと文句を言われた。

その点についてては大変申し訳なく思うが、論を封じられては、そんな本は書く意味がない。

しかし、そこで「子育て記」を書き上げなかったことが私には大きな心の重荷となった。私にとって「子育て記」は、自分の書くべき大きな主張の一つだと思っていたからだ。どうしても「子育て記」を書きたかった。そして今回、新たに書く機会が得られた。

だがそうこうしている間に、子供たちはどんどん成長していって、十数年前とはまるで事情が違っている。

書くにしても全く新たに書き直さなければならなかった。最初の予定では、二〇〇八年の五月に出版するはずだった。しかし、二〇〇八年の三月に右ひざの関節の入れ替え手術をしたために、原稿が非常に遅れた。

しかも、ここ数年ヨーロッパやオーストラリアで、シュタイナー批判が起こって、各地のシュタイナー・スクールが影響をこうむっている。

その件に対する反批判の文章を書くのに大変時間がかかった。子供たちがグレネオンに入ったときに集めてあったシュタイナー関係の本を全部読み返し、最近の情報も収集しなければならなかった。これは本当に疲れる仕事だった。

結果的に、出版時期が延びに延びて、ようやく二〇〇八年の十一月初旬に出版できることになった。

確かに時機を失してしまっていて、賞味期限が切れている。

しかし、この「子育て記」を出版するということは、長い間私の心に負債としてずっしりと重く居座っていて、それを果たさないかぎり、私はこの負債に苦しめられて辛くてたまらない。そこで、賞味期限の切れた「子育て記」を敢えて出版するのである。これは、私の連れ合いと、そして子供たちにとって、この二十年間の生きた記録でもある。この生きた記録を残したい、という強い思いが私を駆り立てたのだ。

しかし、今の日本の教育現場の様子を見ると、私が日本を逃げ出したときと何一つ変わっていない。いや、むしろ、「ゆとり教育」などという愚かな文部科学省の方針のおかげで教育の格差の開きが進んでいるうえに、君が代と日の丸を強制する法律まで制定されて、二十年前より学校教育の質は低下している。

この「子育て記」は日本の教育に対する異議申し立てでもあるのだが、その異議申し立てはまだ通用すると思う。

私と家族のための全く私的な思い出のためのこの身勝手な本に、もしかしたら、興味を持ってくださる方もいるかもしれない。

そういう方に私の思いが通じれば、これ以上の幸せはない。

私の姉は、この本の最初に書いてある「教育難民」という言葉を見て、「普通の人が見たら、いい気な文句だ、と思うわよ。あなたみたいな特殊な職業で、それなりの収入があるから、オーストラリアに逃げたりできたんでしょう。逃げ出したくても逃げ出せない人は沢山いるのよ。そういう人がこの文句を読んだら、不愉快になるわよ」と言った。

それは違うと私は思う。

漫画の原作者という私の仕事は極めて不安定だ。読者が離れればすぐに連載は切られる。その年収入があっても、翌年はどうなるか分からない。しかも、日本を離れて原稿を送るなどということは、長続きするはずはないとその時は思っていた（これまで仕事を続けてこられたのは全くの幸運で、当時は私だけでなく、担当の編集者たちさえも予想できないことだった）。

「食えなくなるだろうが、それでも仕方がない」とやけっぱちの覚悟で日本を離れたのだ。本当に難民となるのも覚悟していた。そこまで追いつめられた気持ちだったのだ。

姉には、私のその気持ちが分かってもらえなかったようだ。

日本の教育制度に不満を抱いている人は多いが、反抗する人も逃げ出す人もほとんどいない。みんな文句は言うが、我慢をするか、何とか折り合いをつけられるのだ。

しかし、私以外にも逃げ出した人を何人か知っている。蓄えのある裕福な人たちではない。しかし、私と同様、日本の教育に切羽詰まった思いを抱いていて、どうにもこうにも日本にいられなくなった人たちだ。

実際に逃げ出すかどうか、それは、経済的な余裕があるかどうかが第一の問題ではない。どこまで本当に真剣に考えて、切羽詰まっているかどうかの問題だ。

私は切羽詰まって追われるような気持ちで日本を出たのであって、「教育難民」という言葉を、いい気なものだと言われると、オーストラリアに来てからこの二十年間に味わった苦労を思いだして、何か一言いい返したい気持ちになるのである。

日本に残っていれば、今までの百倍か二百倍は楽な生活ができただろう。

実の姉さえ分かってくれないのだから、他の人にはもっと分かってもらえないだろう。

しかし、私たちは本当に「教育難民」だったのだ。

それとは別に、この本を読んで不愉快に思う人も多いことだろう。

日本の教育制度をここまで否定的に書かれたら、自分を否定されたような気持ちになる人がいるのも当然だ。

それはもう仕方がない。

逆に、私があのまま日本に残って、日本の受験勉強第一の教育制度の中で自分の子供を育てたら、それは自分を否定することになっただろう。

子供の教育は、すべての人にとって人生の重大事である。やり直しのきかない賭けである。したがって、それぞれの人の人生観によって教育観も違う。

私の教育観は日本の常識的な教育観とは極めて大幅にずれている。

この本を読んで不愉快に思う方は、日本の常識にかなった立派な教育観の持ち主だと私が保証する。


この本の中に、ＪＰ（ジャパン・プレス）に連載した文章をいくつも転載した。連載したもののうち、ほんの一部しかここには転載できなかったのが心残りだ。

残念ながらジャパン・プレスは数年前に廃刊になったが、文章の転載を快く承諾してくださった、ジャパン・プレスの発刊者だった信原さんに心からお礼を申し上げます。

この本を、
四人の子供を産んで育ててくれた私の連れ合い・光子、
長男・威陽《たけあき》
長女・遊樂《ゆら》
次女・遊喜《ゆき》
次男・太陽《たいよう》
に、楽しかった日々の記念として贈る。

雁屋　哲（かりや・てつ）

1941年、中国・北京生まれ。東京大学教養学部卒業後、電通に入社。退社後、劇画原作者として活躍。83年、『美味しんぼ』（画：花咲アキラ）連載開始。86年、第32回小学館漫画賞受賞。88年より、オーストラリア・シドニー在住。原作を担当した漫画に、『男組』（画：池上遼一）、『マンガ日本人と天皇』（画：シュガー佐藤）ほか多数。著書に、『美味しんぼの食卓』（角川書店）、『雁屋哲の美味しんぼ列島』（日本放送出版協会）、『美味しんぼ塾』（小学館）、『美味しんぼ食談』（岸朝子との共著／遊幻舎）などがある。

シドニー子育て記
――シュタイナー教育との出会い

二〇〇八年十一月二十日　第一刷発行

著　書　雁屋　哲
発行者　真中瑛子
発行所　遊幻舎
〒一〇四―〇〇四五
東京都中央区築地四―二―七
フェニックス東銀座八〇四
電話　〇三（三五四六）六三六二

印刷・製本　株式会社シナノ

ISBN978-4-9903019-3-4　C0095
定価はカバーに表示してあります。